柏井 壽

Kashiwai Hisashi

ぶらり京都しあわせ歩き

至福の境地を味わえる

路地や名所、五十の愉しみ

Happy Ramble in Kyoto

京都しあわせ倶楽部

PHP

はじめに

人はなぜ京都に魅かれるのか

平安京が置かれる、遥か昔から、京都には渡来民族や国内の豪商などが住み着き、幾つもの集落を形成していたという。

奈良から長岡、そして京へと都が移ってからは、更にその勢いは増し、多くの人々が京へと集まって来た。

その後、貴族や公家から武家へと実権が移っても、武将たちは京の都を目指し、掌中に収めようとした。

信長、秀吉、家康。三人の天下人も例外ではなく、どのようにして京の都を掌中におさめようかと腐心し、その遺構は今も京の街のあちこちで見ることができる。

草木ではないが、皆が京へとなびいてきた。

その流れが一旦途切れたのは明治維新。京都から東京へ都が移り、京都は都でなくなった。多くの住人が京都を離れ、その寂れように目を覆《おお》うばかりだったという。ふつうなら、このまま廃《すた》れ行く定めにあるはずが、大正、昭和と時代が進んでも、相変わらず、文化の中心は京都だったと言える。たしかに政治経済の中心は東京に移ったが、芸術文化というものは、そう易々と場所を移せるものではなく、茶道、華道、能狂言など、長く京都に根付いていた伝統文化は、京都から離れることはなかった。

寺や神社も同じ。遷都したからといって、場所を移せるような性質を持たない寺社は、そのまま京都に残った。それがつまりは、近代的なる文明は、東京へと移っていったが、もっとも日本らしいものは、ずっと京都に残っていたわけで、それが結果として、平成の今日、内外から多くの観光客を集めることとなった。

平安京から続く、その輝きは失せるどころか、ますます光り輝いている。千年を遥かに超えて、常に多くの人々が京を目指すのはなぜなのだろう。

しあわせの街京都

京都に来ればしあわせになれる。誰もがそう思うからではないだろうか。

弥生人が住み着き、秦氏《はたうじ》一族や賀茂氏《かもうじ》一族が基盤を築き、聖徳太子が寺を開き、平安京が置かれ、藤原氏、足利氏から戦国武将まで、たくさんの人々が京の街に多くの足跡を残した。

時にはそれが諍《いさか》いの元となり、幾度となく戦いの場となった。

それゆえ、魂を鎮《しず》めるための場も多く設けられ、誰もが安らぎを得られる「気」が京の街に満ち溢れることとなる。

訪れる人々の心を安らげ、しあわせを呼び込む場所があちこちに存在しているのだ。

京都を歩き、寺社を参詣し、美味しいものを食べる。

それがしあわせに繋がるのなら、こんなにありがたいことはない。

しあわせの街京都へようこそ。

ぶらり京都しあわせ歩き　目次

はじめに

第一章 「洛北」でしあわせを見つける

第二章
「洛中」でしあわせと出合う

第三章 「洛東」でしあわせに気づく

第四章
「洛西」でしあわせを願う

第五章
「洛南」でしあわせを祈る

地図作成　林　雅信（Lotus）

装幀　多田和博
装画　卯月みゆき

第一章

「洛北」でしあわせを見つける

「上賀茂神社」の依代を見つける〈渉渓園〉のスダジイに触れる

洛北上賀茂《かみがも》にある「上賀茂神社」は世界文化遺産のひとつに数えられ、正式名称を「賀茂別雷《かもわけいかづち》神社」という。

〈賀茂〉の名は、古代の豪族である賀茂氏に由来し、古く平安のころ、八咫烏《やたがらす》の姿となり、神武天皇を導いた賀茂建角身命《かもたけつぬみのみこと》を祖とする、賀茂一族の氏神を祀《まつ》る神社。

地下鉄烏丸《からすま》線の〈北山駅〉から歩くこともできるが、京都市バスに乗って〈上賀茂神社前〉のバス停で降りると、すぐ目の前に一ノ鳥居が見える。

京都三大祭のひとつであり、最古の祭りでもある〈葵祭《あおいまつり》〉の行列は「京都御所」を出発し、「下鴨《しもがも》神社」を経て、この「上賀茂神社」を最終目的地とする。祭りのヒロインである斎王代《さいおうだい》は、この一ノ鳥居で腰輿《およよ》を降り、ここからは歩いて参進する。

白砂の参道の両側には緑の芝生が広がり、ここを二ノ鳥居に向かって、静々と歩く斎王代の姿は、まさに平安王朝そのもの。

――祭りのころいとをかし――

『枕草子』で清少納言が書いたように、ただ祭りといえば古くは〈賀茂の祭り〉、今の葵祭を指すほど、広く知られていた。

『源氏物語』にも六条御息所《ろくじょうのみやすどころ》と葵上《あおいのうえ》が、祭り見物で小競り合いをした話が出てくる。京の都で祭りといえば〈葵祭〉。それは「下鴨神社」で五月三日に行われる〈流鏑馬神事《やぶさめしんじ》〉から始まる。十二日には同じく「下鴨神社」で神霊をお迎えする〈御《み》蔭《かげ》祭〉が、同じ日の深夜に「上賀茂神社」で行われる〈御阿礼《みあれ》神事〉で神霊をお迎えする。

両社に神霊が降臨したことを受けて十五日、御幣物《ごへいもつ》を献上し、勅使が御祭文を奏上する本祭が行われる。

祇園祭もそうだが、行列当日だけが祭りなのではなく、それより前、或《ある》いは後に行われる行事も含めての祭礼なのであり、その多くは神事にまつわるもの。それを理解した上で見物したい。

さて「上賀茂神社」の祭神は賀茂別雷大神《おおかみ》。社の背後に控える神山《こうやま》に降臨したと言われる。

長い参道を歩き、二ノ鳥居をくぐって、すぐ目の前に見えて来る〈細殿《ほそどの》〉前の〈立《たて》砂《すな》〉はそれを今に伝えている。

ふたつの円錐形の砂山。これは祭神が降臨した神山を表すもので、つまりは祭神の依代《よりしろ》である。そしてこの砂が、今では当たり前のように地鎮祭で使われたり、鬼門に撒《ま》く砂の起こりと伝わっている。

清めや祓《はら》い、そんな意を込めた砂はしかし、古くは砂ではなく松の木だったと言われている。

その名残ともいえるのが〈立砂〉の頂に立てられた松葉。

かつては神山に登って祭祀を行ってきたが、やがて神を里に迎えて行うようになり、その際に山から松の木を引き抜いてきて、神の印とした。それがいつしか松葉に代わり、その目印として砂を盛るようになったという。

境内にはたくさんの見どころがあるが、目指すスダジイの木があるのは、御手洗川《みたらしがわ》沿いに広がる〈渉渓園《しょうけいえん》〉。

神社とは少しく趣を変え、落ち着いた佇《たたず》まいの庭園〈渉渓園〉には、古く「神宮《じんぐう》寺《じ》」と呼ばれる寺があったとされ、その寺を囲むように池が広がっていたという。

池は〈晴池《はれいけ》〉と呼ばれ、池の石を鍬《くわ》で打つと雨が止むという言い伝えがあったそうだ。すぐ近くに建つ摂社「大田神社」には雨乞いの石があるから、きっとそれと対をなしていたのだろう。

平安時代末期の庭園を模して作庭されたという庭では、桜が散るころ〈賀茂曲水《きょくすい》の宴〉が行われる。

水の流れのある庭で、流れのそばに座り、流れてくる盃《さかずき》が自分の前を通り過ぎるまでに詩歌を読み、そして盃の酒を飲んで次へ流すという風流な催しを曲水の宴といい、京都では洛南「城南宮《じょうなんぐう》」で行われるそれが広く知られている。

寿永元年に神主重保《しげやす》が行ったのを嚆矢《こうし》とするというのだから、千年近い歴史を持つ。長く中断していたのを、浩宮親王誕生を契機とし、復活させてから半世紀を超えた〈賀茂曲水の宴〉には、葵祭を控えた斎王代も陪覧《ばいらん》し、多くの歌人によって歌が詠《よ》まれる。平安朝の川遊びは、かくも優雅なものだったのかと思わせる行事は一見の価値あり。

そんな〈渉渓園〉にあって、ひときわ目を引くのが、ご神木でもあるスダジイの木。

小さな石垣に囲われた木の根元から、何本もの枝が伸び、寄り添うように絡み合う。〈睦《むつみ》の木〉と称される所以《ゆえん》である。

スダジイは、ブナ科シイノキ属の常緑広葉樹で、たいていはシイノキと呼ばれている。タブノキと共に日本の常緑広葉樹を代表する樹木。シイタケ栽培の原木としてもよく使われ、日本の原風景には欠かせない木でもある。

そのせいだろうか、初めてこのスダジイを見て、懐かしさを覚える人は決して少なくない。いつか、どこかで見たような。

それもそのはず。テレビでなら『鬼平犯科帳』、映画なら『愛の流刑地』。ハイライトシーンでこの木が登場した。無論そんな場面など見ていなくても、ごつごつした枝が絡み合う様を見れば誰もが郷愁にかられるに違いないのだが。

ここには「賀茂山口《かもやまぐち》神社」がある。〈晴池〉には龍が棲《す》んでいたと言われ、その池の底から出土したという〈陰陽石《おんみようせき》〉がある。これがなんとも不思議な形をしていて、明らかに別々の石なのに、ふたつの石はまるでひとつだったかのように、ぴたりと合わさっている。ひとつの石がふたつに割れたのとは違い、その合わさり方が実に穏やかで丸い。

木も石も、ただの木であり、石である。そう言えば、まことにそのとおりであって、何ひとつ不思議はない。だがそれを見て、何かしらの縁を感じ、幸せな心持ちになれば、それはそれは、とても素敵なことだと思う。

パワースポット。こんな場所は最近、そんな言葉で表現されることが多くなって来た。パワー、すなわち力を得る場所だと言えなくもないが、それよりなにより、ここに小さなしあわせを見つけることが大切なのだと思う。

人は誰もがしあわせを願う。だが現実は厳しい。思うにまかせない。せめて旅でもすれば、何かのきっかけになるかもしれない。そんな願いを込めた京都旅。このスダジイの木が、陰陽石が緒になれば幸いである。

京都の三つの山を見上げる
船岡山の磐座から京都を見下ろす

北、東、西と三方を山で囲まれているのが京都盆地。そこまでは大方が知ることだが、京都の街なかにも、低い標高ながら三つの山が存在していることは忘れられがちである。

ひとつは東の吉田山。節分祭の行われる「吉田神社」の背後に控える山として、或いは〈紅もゆる丘の花〉の校歌で知られる旧制三高、今の京都大学を懐に抱く山としても、都人には馴染《なじ》みが深い。

標高は百五メートルと、京都タワーより低いから山というよりは、丘というほうがふさわしいように思える。もっとも、丘と山の明確な区別はないようで、感覚的なものだから、さほど高くない山は丘と呼ばれることが多いのが常。

吉田神社の表参道

この吉田山もかつては神楽岡《かぐらがおか》と呼ばれており、いわゆる孤立丘のひとつと考えられている。
天照大神《あまてらすおおみかみ》が岩戸に隠れ、諸々の神さまが神楽を奏でた場所が如意ケ嶽《にょいがだけ》となった。通称、大文字山のことである。そしてその後、事勝神と賀茂御祖神《みおやのしん》が神代の楽を奏した場所が神楽岡となった。「吉田神社」の社伝によれば、概ねそういうことのようだ。

たしかに地理的にも如意ケ嶽と吉田山は近接していて、送り火の際、吉田山からは間近に見える。

後の時代になって、陽成天皇《ようぜいてんのう》神樂岡《かぐらがおか》東《ひがしの》陵《みささぎ》、後一条天皇《ごいちじょうてんのう》菩提樹院《ぼだいじゅいん》陵《のみささぎ》、後二条天皇北白河《きたしらかわ》陵《のみささぎ》など、天皇家の陵墓も設けられ、聖地としての性格を強めていくことになる。

ふたつに西の双ケ丘《ならびがおか》。衣笠山《きぬがさやま》の近くにあって、その名のとおり、三つの丘が並んでいる。一番北にある〈一の丘〉が最も高く、標高百十六メートル。真ん中の〈二の丘〉が百二メートルで、南にある〈三の丘〉はわずかに七十八メートルと、北から南へ低くなっていく。

ここには六世紀後半から七世紀前半に築かれた二十四基もの古墳があり、双ヶ岡古墳群と呼ばれている。双ケ丘の近くには、当時の豪族だった秦一族の本拠地で知られる太秦《うずまさ》が控えていることから、これらの墳墓は秦氏の首長らの墓ではないかと言われている。

神社こそないものの、この双ケ丘もまた神性を有し、中世には天皇の遊猟地とされるなど、天皇家とも深い繫がりを持つこととなる。

三つに北の船岡山《ふなおかやま》。標高は百十一メートルと、三つの山は、ほぼ同じくらいの高さである。『都名所図会《みやこめいしょずえ》』によると、山の形が船に似ていることからその名が付いたようだ。船岡山はまた景勝の地としても名高く、かの清少納言も『枕草子』で——岡は船岡——と記し、その美景を讃えている。

一方でしかし、船岡山は葬送の地としても知られ、都の死者を船岡山に、——送る数多かる日はあれど、送らぬ日はなし——兼好《けんこう》法師は『徒然草《つれづれぐさ》』に、そう書き残している。

船岡山から南へ延びる通りは千本《せんぼん》通と呼ばれている。これは、この道筋に千本もの塔婆が並んだという故事から名付けられたと言われる。

山にはごつごつとした大きな岩が並び、平安京以前から、神が座した地、磐座《いわくら》として信仰を集めていたことをうかがわせる。

さて、この三つの山。平安京造営に際して、大きな役割を担《にな》ったとも言われている。

吉田山、双ケ丘、船岡山。これらを〈葛野《かどの》三山〉と称し、平安京を定める位置の基準としたと伝わっている。

船岡山の正中線が、平安京の中心線となり、双ケ丘と吉田山を結ぶ線上に〈大極《だいごく》殿《でん》〉が建てられたという。

京都の地図を広げ、三つの山を線で結んでみる。するとどうだろう。実に綺麗な二等辺三角形ができる。偶然なのか、必然なのか。

そして吉田山と双ケ丘を結ぶ線上には京都御所があり、大極殿跡もその線のすぐ南側にある。三つの山を基準にして平安京の様々が造られただろうことが容易に想像できる。

平安の都として知られる京都だが、度重なる戦火によって、平安京の姿を今に残すものは皆無といってもいい。イメージとしては平安京を色濃くしながらも、残念ながら今の京都は概ね、秀吉の遺構ばかりである。

応仁《おうにん》の乱、天明《てんめい》の大火など、ほとんどすべてを灰燼《かいじん》に帰す出来事がたびたび起こり、平安京は土の中に埋もれた。その跡を整理し、京都の街を今の形に造り上げたのが秀吉であることは疑う余地もなく、御土居《おどい》や地名がそれを表している。

そんな京都にあって、この三つの山は平安京の指針となったという意味では、平安のころの数少ない遺構とも言える。都を造営しようとして、当時の人々は、これらの山々をじっと見つめ、その位置関係をたしかめながら工事を進めたのだろう。

無論その姿形は多少なりとも変化しただろうが、山の位置、大きさや高さなどは、さほど変化していないはずだ。

三つの山の中で、とりわけ平安京遷都を決定付けたのは船岡山だと言われている。中国の都に倣《なら》い、風水思想に基づいて造られた平安京。この地に定められたのは四神相応の地だったからである。

北に玄武《げんぶ》。東に青龍《せいりゅう》。南に白虎《びゃっこ》。西に朱雀《すざく》。四方の神々に護られる地に都を定めれば、都の繁栄は約束される。京都はその教え通りの地だった。その玄武にあたるのが船岡山。都の北を護るのである。

東の青龍は言うまでもなく鴨川。西の朱雀は山陰道。南の白虎は、今はなき巨椋《おぐら》池《いけ》。風水上、これらの地形は最強とされ、それゆえかどうかは分からないが、歴史上稀《まれ》にみる、千年の都となったのである。

玄武は長い足をした亀に蛇が巻き付いた姿で描かれ、キトラ古墳の北側の壁にもその姿が描かれていることから、古くから浸透していたに違いない。

玄武の玄は黒を表し、冬のことを玄冬と呼ぶのもこれに倣っている。北は帝の座とも言われ、その格式も高い。

北大路千本から東へ歩き、船岡山へと登る。木立ちの中の坂道を歩けば、すぐに見通しのいい広場に出る。茂った樹木が幾らか邪魔をするが、樹々の合間から見下ろす京の街は美しい。すぐ西側には左大文字も大きく見える。

岩に腰掛け、目を閉じて平安人《へいあんびと》になってみる。鳥のさえずりと葉擦《ず》れの音。吹き渡る風が悠久の時の流れを思わせる。古《いにしえ》に思いを馳《は》せ、末永い平安を願う。ここが都の基となった場所。しあわせは約される。

「貴船神社」で二頭の神馬に祈る〈水占みくじ〉を引く

洛北の山懐に抱かれるようにして、ひっそりと佇む貴船。清流貴船川沿いに建つ「貴船神社」は、水の神さまとして都人に親しまれている。

貴船はきぶねと読むことが一般的だが、神社では、きふねと読む。水の神を祀っているのだから、濁るわけにはいかないというわけだ。

古く、神武天皇の母、玉依姫命《たまよりひめのみこと》が、黄色い船に乗って淀川から鴨川と遡り、更に貴船川を遡って、この地に水神を祀ったのが、当社の始まりとされている。

つまり社名の由来は〈黄色い船〉によるもの。その証《あかし》とも言えるのが、奥宮《おくのみや》境内にある〈船形石〉。玉依姫命が淀川から乗ってきた船が、小石に覆われたものだという。

黄色い船から貴船。〈黄船〉が転じて貴船になったというわけで、これはこれで興味深い話ではある。淀川から黄色い船が鴨川を遡り、山の中まで来てしまった。想像するだに、なんとも不思議な光景だ。

古より、船乗りたちから〈船玉神《ふなだまのかみ》〉として崇《あが》められているのは、その故事に由来し、今の時代でも、船に関わる仕事をする人たちの信仰は篤《あつ》い。

〈澄む〉という字が、サンズイに登、と書くように、川上は水の澄む清浄な場所とされ、万物の源ともされる神秘な場所だった。

改めて「貴船神社」の境内を歩くと、その神性が強く伝わってくる。

今の時代であっても、決してアクセスがいいとは言えない貴船。さぞや当時は辺境の地だったろう。都からここまで辿り着くのは並大抵ではない。ようやく行き着いてそこにおわします神となれば、そのありがたみは如何《いか》ばかりか。

由緒正しい神社については、『古事記』にも『日本書紀』にも、その由来が記されていて、貴船大神のことに触れているのだが、おもしろいことに、貴船大神の出現を再現する神事はお火焚祭《ひたきさい》なのである。水の神さまが現れることを火で表す。まさに水火一体。

水と火。相反するようでいて、それは表裏一体。水なくして人は生きていけないが、火もまたしかり。火なかりせば、人は生き永らえることも難しい。すべての起りは水であり、火でもある。それを祀る神社がこの「貴船神社」。火は水を、水は火を鎮める。

他にも、〈気の生まれる根〉が転じて〈気生根〉になったという説や、木の根から生じる水、が転じて〈木生根〉になったという説もあって、その語源を辿るだけでも愉しい。

「貴船神社」の境内には多くの木が植わっていて、その合間を縫うように貴船川が流れている。土の中に木の根が張り巡らされることで、水を保つことができる。木があればこその水なのだ。

水とは切っても切れない関係にあるのが木。木なくして、山に水は染《し》み込まず、結果として川の流れを作ることができない。それを象徴するように、「貴船神社」の境内には大樹が木陰を作っている。社のご神木とされる桂の木が〈本宮〉の傍《かたわ》らにそびえ立っているが、〈結社《ゆいのやしろ》〉〈奥宮〉へ足を延ばすと、〈相生《あいおい》の大杉〉や〈連理《れんり》の杉〉など、杉の木が目立つようになる。

前者は樹齢千年とも言われ、同じ根から生えた二本の杉の大木が寄り添うように立っている。その姿が仲睦《むつ》まじい老夫婦のように見えることから、夫婦円満の象徴とされている。

後者は、杉と楓《かえで》が連なったもので、異なる木が重なってひとつになるという〈連理〉の中でも珍しいケースと言われる。〈連理〉は、夫婦、男女の仲睦まじい様の象徴とされる。この二者に代表されるように、「貴船神社」は水の神さまであると共に、縁結びの神さまとしても知られている。

貴船川。夏には川の上に床店《とこみせ》が設《しつら》えられ、多くの客で賑わう。緑濃き樹木が木陰を作る下で、客たちは水と触れ合いながら、涼やかに舌鼓を打つ。

床店で、川に足を浸《つ》けると驚くほど冷たく、流れから立ち上る冷気は、涼しいを越して寒く感じたほど。雨でも降ろうものなら、震えながら内座敷に移動する仕儀となる。貴船の川床《かわどこ》に行く前の夜には、必ずてるてる坊主を作ったものだ。

川床などという気楽なものではなく、雨が降るか降らないか、は昔の暮らしの中で重要な問題だったに違いない。

「貴船神社」は、ただ水の神というだけでなく、水の多寡《たか》を調節する神だともいう。

境内に建つ白馬と黒馬の像。黒は雨乞い、白は雨止めを願うもの。水の神さまを祀る神社は、太古の昔から雨乞いで有名だったようだ。

日照りが長く続いたときには黒馬が献じられ、雨が降ることを希《ねが》う。逆に雨が続くと白馬が献じられた。雨に限らず、折り目節目には馬を神に献じて、祈りを捧げた。後にそれは生きた馬から、馬の像に代わり、やがて絵馬へと移っていく。

農耕のみならず、雨量の多寡は日々の暮らしに大きな影響をもたらす。天気予報などなかった時代、切実な祈りだっただろうことは、想像に難くない。

さて、この「貴船神社」。水の神さまのみならず、縁結びの神さまでもあることは先に書いた。縁はしかし、結ぶだけでなく、ときには切ることを願う向きもある。

男女の仲というのは複雑怪奇なもので、強く願って結ばれた縁にもかかわらず、何かをきっかけにして、縁切りを願うことに転じる場合もある。そしてその願いは、より強烈なものとなり、おどろおどろしい丑《うし》の刻《こく》参り、になったりもする。

自分を捨てて新妻を迎えた夫の不実を恨《うら》む女性が、「貴船神社」へ丑の刻詣りをする、という話は、能の〈鐵輪《かなわ》〉という演目にもなっている。

社人《しゃにん》の言うとおり、――頭に鉄輪（五徳）をかぶり、その三本の足に火を灯し、顔に丹（赤い塗料）を塗って、赤い着物を羽織り、憤怒《ふんぬ》の心を持てば鬼となり、恨みを果たすことができる――を実行するのだ。

新妻に走った男はといえば、悪い夢見が続くことから、ときの陰陽師、安倍晴明《あべのせいめい》を頼る。先妻の恨みで今夜にも命が尽きると言われ、急いで祈禱《きとう》を願い出る。

清明が夫と新妻の人形を作り始めると、ほどなくして、雷鳴轟《とどろ》くなか、悪鬼となった女の生き霊が現れる。夫の心変わりを責めたて、新妻の髪を摑み激しく打ち据えなどするものの、神々に追われ、心を残しながら退散する。

なんとも恐ろしい話だが、注目したいのは、舞台がここ「貴船神社」だということ。洛中には多くの社があるにもかかわらず、わざわざ洛北の果てまで毎日足を運ぶ。それはきっと、この社の霊力、神性を頼ってのことなのだろう。

嫉妬《しっと》心、恨みつらみ。可愛さ余って憎さ百倍という言葉もあるほど、男と女の愛憎は理性を失わせる。丑の刻詣りという形をとりながら、神はその意を汲みつつも鎮めようとしているのではないか。そうも思う。

いずれにせよ、この「貴船神社」は男女のみならず、人の縁を結び、或いは切ることに霊験あらたかであることは間違いない。

貴船神社の御神水

「本宮」横の社務所をのぞくと、〈水占《みずうら》みくじ〉が置かれている。

まずは授与料、二百円也を納める。積まれた〈水占みくじ〉の中から、一枚を選び取る。素直な人は一番上を、そうでない人は、ぺらぺらとめくりながら、迷いに迷って、一枚を抜き取る。

社務所の横にある〈御神水〉の池に〈水占みくじ〉をそっと浮かべる。しばらくすると、文字が浮き上がってくる。

〈水占みくじ〉は上下二段、それぞれ五つの枠があり、全部で十の項目に分かれている。願望、恋愛、出産、病気、方向、旅行、学問、商売、失せ物、転居。

最初は白紙だったところに、文字が浮かび上がり、一喜一憂する仕儀となる。〈水占〉と〈みくじ〉の間には○があり、その中に大吉だとか、吉だとかが浮かび上がり、まずはそれをたしかめてから、各項目に移り、うなずいたり、首をかしげたりしながら、最後まで読み進み、笑顔になることもあれば、浮かない顔付きになったりする。佳《よ》い卦が出たときは信じ、佳くない卦なら一笑に付すか、自らを顧み、悔い改めるか。処し方は自ら決めればいい。

〈水占みくじ〉を済ませたら、〈結社〉〈奥宮〉へと辿る。当社にはまだまだ、たくさんの見どころがある。

〈奥宮〉へ続く参道沿いに建つ〈連理の杉〉もそのひとつ。

もうひとつ。〈奥宮〉の傍らを流れる小さな川もまた、当社ならではの名が付いている。

その名も〈思ひ川〉。そして参道の入口に架かる橋は〈思ひ川橋〉。

かつては御物忌川《おものいみがわ》と呼ばれ、参詣者はこの川で禊《みそぎ》をして、身も心も清めたと言われる。それが、和泉式部も参詣し、恋を祈ったことから、〈おもひがわ〉に名が転じたという。

忌む、が思いに変わる。相当強引な気もするが、声に出してみれば、意外に自然な流れにも思える。この社の持つ不思議な力が働いたとしか思えない。

「貴船神社」が縁結びの神さまとなる端緒には、哀しい恋物語があった。

古く、定平《さだひら》の中将という若者が、扇に描かれた姫の姿にひとめ惚れすることから話が始まる。いくら美女だといっても、所詮《しょせん》は絵に描いた餅ならぬ、絵の中の姫。この世で見つかるはずもなく、捜し当ててみれば、なんと鬼の国の娘だった。

鞍馬《くらま》の更に山深い穴から入り、中将は無事に念願を叶《かな》えるが、娘の父は情容赦《なさけようしゃ》のかけらもない鬼。娘に中将を差し出すよう命じる。

娘はその命を拒み、自らが身代わりとなり、父鬼に食べられてしまう。

娘のはからいで生き永らえた中将は、当然のごとく世をはかなみ、出家を願い出るが、法皇に拒まれてしまう。

厳しい戒律を守りながらの暮らしを続ける中将は、ある日、小指がないことで捨てられている赤子を見つけ、不憫《ふびん》に思って連れて帰る。

大切に育てていくうち、中将はその子に姫の面影を重ねる。年頃になった娘は、ある日自分が姫の生まれ変わりであることを明かす。小指がないのではなく、姫が中将と別れるときに形見分けした、縹《はなだ》の帯を握りしめていたのだという。

中将がその指を開くと、はたして、そこには中将が肌身離さず持つ帯と同じものがあった。

世代を超えて再会を果たしたのも束の間、話を聞きつけた鬼が中将を襲撃に来るという。中将の命を守るべく、講じた策は豆まき。鬼の目をめがけて豆をまけば、きっと鬼は退散すると教わり、それが功を奏し、中将は幸せな余生を送ったという。

節分の豆まきはこれを起源とすると伝わっているのだから、ここ貴船の地は、鴨川だけでなく、京都の源と言ってもいいほどの地。加えて強力な縁結びの地でもある。

水にも、木にも神は宿る。そう信じるからこそ、人は掌を合わせ祈りを捧げる。しあわせは山深くにも潜んでいる。様々に神性を有する社。水も縁もなければ、人は人として生きてゆけない。京都のしあわせの原点は「貴船神社」にあり。

大原の〈音無の滝〉でマイナスイオンを浴びる「三千院」で写経をする

京都大原《おおはら》「三千院《さんぜんいん》」。歌にも歌われる名所であり、洛中からは遠く離れた洛北の地にありながら、いつも大勢の参拝客で賑わっている。

一世を風靡《ふうび》し、京都旅ブームのきっかけを作ったとも言える歌では、〈恋に疲れた女がひとり〉で「三千院」にやってくるのである。

「女ひとり」という歌は、一番の歌詞がここから始まり、二番の始まりは栂尾《とがのお》「高山寺《こうさんじ》」、三番は嵐山《らんざん》「大覚寺《だいかくじ》」と続くのだが、大原「三千院」の印象があまりにも強烈で、あとの二寺はほとんど記憶に残らなかった。

五十年ほども前の歌なので、若い人たちの多くは知らないだろうが、この歌に惹《ひ》かれて京都を訪れる女性は少なくなかった。

それから五十年。女性のみならず、多くの老若男女《ろうにゃくなんにょ》が「三千院」を訪れる。最も賑わうのは紅葉のころ。京都でも指折りの紅葉名所と言われ、大原へ通じる国道は大渋滞を引き起こすほど。

京都駅前から大原行きの京都バスに乗るのが、最も一般的なアクセス。四条河原町《しじょうかわらまち》、出町柳《でまちやなぎ》を経由して大原へ。一時間以上はバスに揺られることになるが、高野川沿いに洛北八瀬《やせ》を通る道筋は、眺めも良くオンシーズン以外はさほどの混雑もないので、快適なバス旅になる。

バス停からは、緩《ゆる》やかな坂道を上って「三千院」へと向かう。

三千院山門

短いようで長い坂道を上り切ると、最後は石段。その上に平坦な砂利道が続き、左手には土産物屋や茶店が並び、右手の石垣が目指す「三千院」。と、その前にぜひとも訪ねたいのが「音無《おとなし》の滝」。石段の手前を右に曲がり、左手に「三千院」の塀を見ながら、山道を上る。

登山靴のような大仰なものは不要だが、ハイヒールなどでは些《いささ》か不安がある。「音無の滝」も行程に入れるなら、スニーカーが最適。石段から往復すると一時間ほどかかるので、時間に余裕がない向き、足に自信のない方は控えたほうがいい。

「浄蓮華院《じょうれんげいん》」から「来迎院《らいごういん》」を経て、少しずつ山道らしくなってきて、やがて「音無の滝」へと辿る。

京都では数少ない滝。夏でもひんやりとした冷気が漂い、マイナスイオンをたっぷりと浴びることができる。

「来迎院」を建立した良忍上人《りょうにんしょうにん》は、天台声明《てんだいしょうみょう》と呼ばれる、仏教の儀式音楽を興した。

音無の滝

僧侶たちが、この滝に向かって声明の修行をする。それを続けるうち、声明と滝の流れの音が一体となり、滝の音が聞こえなくなることがあるという。「音無の滝」の名の由来である。

ことほどさように、大原「三千院」界隈《かいわい》と声明とは密接な繋がりを持ち、それは「三千院」

を挟んで流れるふたつの川の名にも表れている。

「三千院」の手前を流れるのが呂川《りょせん》、向こうに流れるのが律川《りつせん》。呂と律は声明の音階をいう。ざっくりといえば呂調は短調、律調は長調。この両方の音階の節まわしがうまくとれないと、声明は耳触りも悪く、聞き取りにくい。

呂と律の節をうまくまわすことができないことを、呂律《ろれつ》がまわらない、と言い、転じて、滑舌が悪いことや、酔っ払って言葉がうまくしゃべれないことを、呂律がまわらない、というようになった。語源とは何ともおもしろいものである。

さて、滝から戻って、いよいよ「三千院」。

ここでまた気になるのが「三千院」の〈三千〉。何の数だろうか。

――仏教において三千とは、千の三乗を指しておりまして、つまり計算すると十億になります。これは仏教における宇宙観を示す数字でございます。一般の方でも三千世界という言葉はよく使われます。十億の世界が参集して宇宙を創っておる。そう言われております。ということで、この「三千院」は仏教でいうところの宇宙になります――

受付を済ませたところで、早速尋《たず》ねてみると、ざっとこういうことだった。仏教では、三千が千の三乗を表すというのを初めて知った。何でも聞いてみるものだ。

見どころの多い寺であり、広い境内には幾つもの庭があり、お堂が建っている。ただそれを観てまわるだけでもいいのだが、是非ともここで体験したいのが写経。

受付を通って、堂内をしばらく進むと〈円融房《えんゆうぼう》〉があり、ここでは予約をしなくても写経体験ができる。

約一時間かけて、般若心経《はんにゃしんぎょう》一巻を写す。忙しい日常を送る身には、なんとも長く感じる一時間だが、ただ文字を写すという作業に専念するうち、じわじわ、じわじわと雑念が消え去ってゆく。

しあわせには、様々な形がある。そのひとつに、自分を取り戻す、ことがある。日常に追われ続け、次から次へとなすべきことが目の前にあると、そこにばかり気を取られ、自分というものを見失いがちになる。

写経という業を続けるうち、素の自分に戻ってゆくことに気付く。十五分を過ぎた辺りからそれを実感し始め、三十分を超えると余計なものが頭の中からすっかり消え去ってしまい、残るのは自分と向き合う自分だけになる。

——摩訶般若波羅蜜多心経　観自在菩薩　行深般若波羅蜜多時——

文字をなぞりながら、小声で唱えると、気持ちが軽くなる。

写経を終えたなら、「三千院」をじっくり拝観する。無論のこと、先に拝観を済ませてから写経、でもいい。

写経をした〈円融房〉が、当寺の始まりとされ、八世紀のころ、最澄《さいちょう》が比叡山《ひえいざん》に建立したと言われる。その後、近江坂本《おうみさかもと》に移り、移転を繰り返して、現在の大原の地に落ち着いたのは明治初期というから、この地での歴史はさほど長いものではない。

それに比して、境内に建つ〈往生極楽院《おうじょうごくらくいん》〉は元々この大原の地にあった阿弥陀堂で、「三千院」本坊が当地に移転してきた際に、境内に取り込まれたもの。平安時代に恵心僧都《えしんそうず》（源信《げんしん》）が建立したものと伝わっている。

国宝に指定された阿弥陀三尊像《あみださんぞんぞう》が安置され、その大きな仏像ゆえ、天井を船底形に折り上げたという。そしてその天井には極楽浄土の天女や菩薩《ぼさつ》が描かれ、極楽の様子を垣間見せてくれる。

堂内に立ち入ることはできないが、阿弥陀三尊像の姿は拝することができ、その神々しさには心が洗われる。

苔むす庭の一角に寝そべる〈わらべ地蔵〉の姿に心を和《なご》ませ、思わずカメラを向ける向きは多い。写経、そして極楽往生。日々無事に過ごすことのしあわせを感じる、大原「三千院」である。

比叡山に登り〈三面大黒天〉を守り神にする「東塔」で〈三面大黒天〉の御札を授かる

しあわせの対語は不幸、ということになる。しあわせを実感することは難しいが、不幸はすぐに感じる。

宝くじやギャンブルで一攫千金《いっかくせんきん》を叶えたときや、みごとプロポーズに成功したときなどは、しあわせを実感できるが、たいていのしあわせは後になって感じるものである。あのときはしあわせだったんだな、と過去形になるのが常のこと。現在進行形でしあわせを感じられることは極めて少ない。それ故、しあわせを逃してしまうことも多いのだが。

それに比して、不幸は実に分かりやすい。恋人にふられたとき、大金を失ったとき、試験に落ちたとき、突如降って湧《わ》いた災難に遭《あ》ったとき。

そんなたいそうなことではなく、ホームに駆け上がったら、ちょうど電車が出るところで、目の前でドアが閉まったときなども、なんて自分はツイてないんだろう、と思う。それが小さな不幸の始まりで、ことごとくツキがないときは、不幸を強く実感する。そして、しあわせを願う。そのために占いに頼ったり、神にすがったりもする。

しかし何が不幸かといって、病《やまい》を得たときほど、気弱になり、不幸を感じることはない。ましてやそれが重い病で、長く続き、一向に快癒しないとき。世の中に自分ほど不幸な人間はいないのではないか、と絶望的になる。いっそ自害しようかとさえ思うに至る。

僕にもそんな時期があった。厄年のころである。手術を受け、快方に向かったようにみえて、実はまったく逆で、再入院し、絶対安静状態が数カ月続いた。最初の一カ月は本を読むことすら許されず、ベッドに寝たきりの生活が三カ月も続くと、さすがに自暴自棄となり、いっそ病院の屋上から、なんて考えることもあった。

ようやく退院したものの、長いブランクを経て、何をやってもうまくいかない日々が続いた。

神頼みということではなく、ただ澄んだ山の空気を吸いたくて、比叡山に登った。ついで、などと言うと叱られるだろうが、「延暦寺《えんりやくじ》」を訪ねたのは、山を降りる間際に思いついたからで、さほど気も晴れぬまま、素通りすればバチが当たりそうに思っての参拝だった。

延暦寺バスセンター近くの〈東塔《とうどう》〉付近、〈根本中堂《こんぽんちゆうどう》〉で不滅の法灯《ほうとう》を拝して、バスの時間待ちのために散策していて〈大黒堂〉という小さな祠《ほこら》が目に入った。

何気なくお堂に入った瞬間、まるで霧が一瞬にして晴れたかのように、もやもやした心の霞《かすみ》が消え去った。そこにどんな神さまがおられ、どういうご利益があるのか、まったく知らないのに、である。

なんとも不思議な体験だった。

そこに祀られていたのは〈三面大黒天〉だということを知ったのは、心の靄《もや》が晴れてからだったのだが、それが何たるかをたしかめる前に、一生の守り神にしようと決めていた。

千二百年以上も前、伝教大師最澄が〈根本中堂〉を建立しようとして、そこに現れた仙人こそが〈三面大黒天〉だったという。

由緒書によると、最澄はすぐに身を清め、一刀三拝して〈三面大黒天〉の尊像を刻んだとあり、本堂に安置されているというのだ。

そしてその〈三面大黒天〉は、自分を拝むものには福徳と寿命を与える、と自ら宣したとも書かれている。更にはこの大黒天を崇拝し、念持仏とした豊臣秀吉は、願いが叶い太閤に出世したのだともある。そのため、〈三面大黒天〉は〈三面出世大黒天〉とも呼ばれている。

少しく大仰に言うなら、運命の出会いだった。この日を境にして、何が変わったかと言えば、気持ちの持ちようがまったくといっていいほど変わった。すべてをポジティブに考えられるようになった。それまではネガティブもいいところだった。何をやっても、結局はダメだろう、とか、どうせまた同じこと、など、事がうまく運ぶイメージが摑めなかった。それがどうだろう。この〈三面大黒天〉さまに出会ってからは、何をしてもうまくいくような気になってきた。

それから二十年以上が経ち、今も変わらず〈三面大黒天〉さまに守られている。太閤になろうとも思わず、一攫千金を狙《ねら》うこともなく、ただただ日々の無事を願うだけだが、自身にも家族にも大きな災厄はなく、小さなしあわせを実感している。

長々と私事を綴ってきたが、無論これはあくまで個人的な感想であって、誰もが同じ思いを持つかどうかは分からない。その点はご承知おきいただきたい。

さて〈三面出世大黒天〉だが、三面とは大黒天、毘沙門天《びしゃもんてん》、弁財天《べんざいてん》の三柱をいう。

つまりは七福神のうちの三つの神さまが合体したものなのである。大黒天は福徳延寿《ふくとくえんじゅ》。毘沙門天は財運。弁財天は弁舌、音楽、技芸上達、と幾つものご利益を授けてくださるという、実にありがたい神さま。

そんな〈三面出世大黒天〉。比叡山を嚆矢とし、秀吉人気と相まって全国各地に広まっていった。

人というのは弱いもので、とかく何かにすがろうとする。一見、何ものをも怖れぬように見える戦国武将たちも同じ。その典型が守り神。それもできれば強力なものであって欲しいと願う。ただの大黒天だけではなく、そこに毘沙門天、弁財天までをも合体させ、これを守り神とし、天下取りのよすがとした。

天下を取ろうなどという野心はなくとも、日々しあわせに暮らす守り神として、〈三面出世大黒天〉は恰好の存在だろうと、僕は思う。

王城の鬼門を守護してきた比叡山「延暦寺」。ここを参詣するなら是非とも〈三面大黒天〉も訪ねて欲しい。

第二章

「洛中」でしあわせと出合う

「幸神社」の猿に守ってもらう
「京都御所」で猿が辻の猿を見つける

北海道に、幸福駅という廃線跡に残る駅があって、遥か昔、この駅への切符が一大ブームを巻き起こしたことがあった。幸福駅行の切符。欲しくない人間などいるわけがない。

幸福。しあわせ。誰もがそれを願いながら、しかし具体的に何をもってして幸福と言うのか。どういう状態をしあわせと呼ぶのか。人それぞれ、思うことは違うかもしれないし、或いは同じなのかもしれない。

健康でいられること。愛する家族に囲まれて過ごすこと。仕事に恵まれること。経済的に豊かなこと。それらのうちのどれか、もしくはすべて。

人は皆、欲深いもので、ひとつが叶えば次。またもうひとつと、願いが重なっていく。日々の暮らしの中でリアルに追い求めるのとは別に、しあわせの象徴を手にしたい、目《ま》の当たりにしたい、と願う向きは決して少なくない。そのひとつが幸福駅行の切符だった。

ただ幸福という字が付いているだけの駅に比べ、洛中にある「出雲路幸神社《いずもじさいのかみのやしろ》」は、災厄から身を守ってくれる神さまがおわしますのだから、しあわせへと導かれる力は遥かに強い。

「幸神社」はサイノカミノヤシロと読む。サイは元はサエで、遮《さえぎ》るを意味する。つまりは災厄から守るということ。道端や畦道《あぜみち》に佇む道祖神がそのサエノカミの代表である。

寺町《てらまち》通の今出川《いまでがわ》を北に上り、一筋目を西に入るとやがて右側に石の鳥居が見えて来る。石標には「出雲路幸神社」とあるが、鳥居の額束《がくつか》には「幸神社」とある。

京都という街がどれほど奥深いかということを、この小さな神社が教えてくれる。

京都の街には多くの神社があり、世界文化遺産に指定されていたり、世界中から観光客が押し寄せる社も少なくない。それらに比べてこの「幸神社」は如何にも地味な存在で、京都人の中でもこの社の存在は多くには知られていない。

狭い境内の中で、必ず観ておきたいのは〈社殿〉の東北の隅に安置された猿の木像。

御幣をひょいと担《かつ》ぎ、ひょうひょうとした顔付きで、しかし北東の方に向けて鋭い視線を向ける猿。これが京の都を長く護り続けてくれている。

この神社のすぐ南に「京都御所」がある。江戸に都が移るまで日本の中心だった場所。様々な外敵の来襲を受け、それらから帝を守るために万全の体制が敷かれた。実際の敵はもちろんのこと、目に見えぬ物の怪《もののけ》や鬼をも敵とみなし、それに備えた。

古より京都には〈鬼門〉という概念が浸透しており、艮《うしとら》、すなわち北東の方角から鬼がやって来て災厄をもたらすと言われて来た。その鬼を封じるために様々な方策を講じて来たのが都人。

京都の街を歩いていて、実に多くの人々が鬼門対策を講じていることに驚かされる。

最も多いのが植込みによる対策。塀の内外の別なく、南天の木、もしくは柊《ひいらぎ》が植えられていれば、そこは多くが家の北東の隅であるはずだ。

南天は、難を転じるという意。単純な駄洒落《だじゃれ》と言ってしまえばそれまでだが、これを信じる京都人は少なくない。

柊は、その棘《とげ》が鬼の目を刺すと言われ、南天と一緒に植えられることが多い。節分のときなどは、柊の枝に鰯《いわし》の頭を刺して玄関に飾り、棘に加えて鰯の匂いで鬼を撃退しようとする。

或いは、鬼は不浄を好むことから、敷地の鬼門方向に白砂などを敷き、鬼を寄せ付けなくするという法もある。更にそれを徹底するなら、鬼門にあたる場所に、洗面所や台所、風呂といった水を汚す設備は造らないという考えも浸透している。住宅の設計をする際、まずは鬼門の方角をたしかめることから始める。京都の設計士は概ねそんなふうだ。

様々な鬼門封じの中で、最も強力なのは猿だと言われている。

なぜ猿かと言えば、魔が去る、という語呂合わせだとも言われる。

平安京を開いた桓武《かんむ》天皇は、魔物を封じるために、天台宗の創始者である最澄に、比叡山から御所の鬼門の方角を護らせた。その比叡山を護るのが、近江の国にある「日吉《ひえ》大社」。日吉大社の神の使いは〈神猿《まさる》〉と呼ばれる猿。まさるを、魔去ると掛けたと伝わっている。

「京都御所」の北東の角、鬼門にあたる場所は、他の角とは明らかに、塀の造り方が違う。注意深く見ないと気付かずに通り過ぎてしまう。

よくよく見ると気付く。角でありながら、角がないのだ。塀を内側に曲げて角をなくしている。言葉で説明するのは難しいが、現場を見てみれば一目瞭然。角をなかったことにしている。それほどに鬼門を畏《おそ》れていたわけだ。

この場所は〈猿が辻〉と呼ばれ、「幸神社」と同じく、御幣を担いだ猿が塀の上からにらみを利《き》かせている。これもまた、塀の上をよくよく見ないと気付かない。金網の中に猿がいることに気付けば、護られているという安心感が持てる。

ここに立つ駒札によれば、この猿は鬼門を護りながらも、時折いたずらをするので金網に閉じ込められたという。

そしてこの猿はいわばレプリカで、本物は「幸神社」に祀られていると言われ、その作者は左甚五郎《ひだりじんごろう》だと伝わる。

観光客とは無縁の場所。車一台がやっと通れるほどの細道に、ひっそりと佇む社。その隅に祀られた猿が、京都の街を災厄から護ってくれている。しかもそれが由緒正しき出自。

これが京都という街。世界遺産に指定されるような、名の知れた神社仏閣だけでなく、裏路地や細道に長く深い歴史を持つ社寺が潜んでいる。

改めて鳥居の前に立ってみる。そして南側に目を遣《や》ると、細く真っ直ぐ続く道の向

しあわせの街　京都へようこそ

京都しあわせ倶楽部

目には見えず、耳にも聞こえないが、京都には〈しあわせ〉という空気が満ち溢れている。それを肌で感じとっているからこそ、多くの人が京都に集い、そして誰もが笑顔を浮かべる。

「京都しあわせ倶楽部」編集主幹　柏井 壽

PHP研究所

いようにも思われる。

いずれにせよ、鴨川は多くの川が合わさってできている。そのことからして、既に縁起がいい。川が合わさるところを河合《かわい》と呼び、多くその界隈には縁結びの神さまがおわします。「河合神社」などがその代表。

それは何も京都に限ったことではなく、古より、川が合流するところには陽の気が生じると言われている。そもそも水が涌き出でるところからして、気が満ちているのだから、それが合わさると更に運気が高まるのだろう。

賀茂川と高野川が出会う。水が混ざり合う。その水に触れてみる。出会いはきっと、しあわせに繋がる。そのことを実感できるのが、賀茂川に設けられた飛び石。

賀茂川と高野川が合流するところに三角洲があり、それをまたぐ形で、飛び石が置かれている。通称〈出《で》町《まち》の飛び石〉。

出町の飛び石

夏ともなれば、この石を跳び歩く子供たちの歓声がこだまし、秋風が吹くころともなると、しっかりと手を繋ぐカップルの姿が、川面《かわも》に映り始める。

亀、千鳥を象《かたど》ったと言われる鳥、そして矩形《くけい》。いくらか大きめの石が適度な間隔をおいて設置され、右岸から左岸へ、そしてその逆を辿る人もいて、流れを横切る姿は絶えることがない。

なぜ亀なのかと言えば、賀茂川には多く生息するからであって、天気の良い日などは、甲羅干しする姿を見掛けることも少なくない。千鳥もまた賀茂川にはしばしば飛来し、よく中洲で羽を休めている。チドリという名の鳥類も存在するが、古来日本では、水辺や野山で群れる小鳥を千鳥と呼んで親しんで来た。千の鳥という意を込めたのだろう。千は千客万来、千両箱に通じ、縁起のいい鳥とされ、亀は万年と呼ばれることと合わせ、幸運長寿のシンボルを渡ることになる。

飛び石を伝って賀茂川から高野川へ。三角洲に上陸すると、ちょっとした征服感が得られる。三角洲の南の端っこから下流を眺める。両側からの流れが混ざり合う様子に心が浮き立ち、やがてひとつになった流れを見て、安らぎを覚えることになる。

ところで鴨川の飛び石。高野川に設置されたものも含めると、全部で六カ所ある。

そのうち、御薗橋《みそのばし》と西賀茂橋の間に造られた飛び石は、土砂に埋もれてしまったものもあり、飛び石としての用を為していないから、実質的には五カ所ということになる。

最も下流にあるのは、丸太町橋と二条大橋の間にある飛び石。

矩形の石が並ぶ間に、デザイン化された千鳥が置かれ、大きめの石は相互通行が可能だ。目を引くのが下流側に置かれた四艘の小舟。

無論これも石で造られているのだが、高瀬舟を思わせる形で、舳先が北を向いているから、上流に向かっているのだろう。

鴨川の分流である、みそそぎ川を水源とし、二条辺りから宇治川に注ぐまで、およそ十キロに及ぶ高瀬川は、江戸初期に角倉了以《すみのくらりょうい》親子によって開削された運河。京都の中心部と伏見を結ぶ、重要な物流手段として大きな役割を担った。と同時に、木屋町通沿いを流れる小川は、京都らしい風情を醸《かも》し出し、ゆったりと船が流れる様は、きっと情緒あふれる光景だっただろう。鴨川に置かれた小舟型の石が往時を偲《しの》ばせてくれる。

下流から数えて二番目の飛び石は、荒神橋《こうじんばし》の上流にある。上流に頭を向ける亀の石

北山大橋下流の飛び石

が三つ並び、その北側に矩形の石と亀型が居並んでいる。ここがおもしろいのは、飛び石の辺りが浅瀬になっていて、水量が少ないときには、小石の広がる河原と地続きになること。つまりは水に濡れることなく中洲に辿り着けるのである。日照りが続く夏場には、子供たちの恰好の遊び場となる。

下流から三番目にあたるのが先述の、賀茂大橋からすぐ北にある飛び石。

そしてここから北の高野川にも飛び石がある。蓼倉《たでくら》橋《ばし》と高野橋の中間地点にあって、やはり亀石がいくつか置かれている。

鴨川に戻って、渡れるものの中で、最も上流に位置するのが北山大橋の下流にある飛び石。ここだけは、これまでの飛び石とは趣が異なり、片側交互通行のスタイル。丸みを帯びた三角形の石が整然と並び、途中数カ所には、少し大きめのひし形の石が置かれ、道路に例えるなら待避所の役割を果たしている。

鴨川に設置された飛び石の中で、一番のお奨めであり、かつ僕が最も数多く渡っているのがここ。この飛び石を渡りたくて賀茂川を散歩するときがあるくらいだ。

右岸と左岸。どちらにも飛び石へと続く石段がある。対岸にその石段を下りて来る人が居ないかをたしかめることから、飛び石時間が始まる。既に飛び石を渡っている人が居れば堤でしばらく待機する。

途中ですれ違うことは可能だが、基本的にひとりしか渡れない飛び石は、ひとり占めできるということにもなる。他の飛び石とは比べものにならないほど小さな石なので、踏み外さないように足元をしっかりたしかめながら渡る。

三角形の石にはそれぞれ、ユリカモメや鯉、サギなど賀茂川に生息する生き物を描いたプレートが貼り付けてあり、それを見ながら石を渡っていくのが愉しい。

そして、ちょうど中ほどに置かれたひし形の石には方位を示すプレートがあり、この石の上で真北を向き、流れを目で受けとめると、実に心地いい気が満ちて来ることに気付く。

深呼吸して、マイナスイオンをたっぷり吸い込んだら、身体の向きを変え、真南を見てみる。広々とした流れの中に身を置くと、心までもが広く流れ出し、清々しさに包まれる。水辺のささやかなしあわせ。

「本家尾張屋」で老舗の縁起にあやかる〈宝来そば〉を食べる

長い歴史を誇る京都でも、言葉遣いが正確さを欠く傾向は、年々強まる一方で、言葉をぞんざいに扱うメディアに物申したくなることしばしばである。

たとえば老舗《しにせ》。他の街ではともかくも、京都で老舗といえば、少なくとも百年を超える歴史を持たねばならない。

――創業四十五年を数える、京の老舗和菓子店――

とある雑誌での店紹介記事。紹介された店の主もきっと、面映《おもはゆ》い思いでいることだろう。創業四、五十年の店など、京都には星の数ほどある。イメージだけで言葉を使ってはいけない。

更に言葉を付け加えるなら、正しく伝統を受け継ぎ、京都の街に根付き、京都人からも一定の評価を得た店でなければ、京の老舗を名乗る資格はない。


――うちなんか、天皇さんがお江戸へ行かはってからできた店ですさかい、老舗やなんて、とんでもない。そんなこと書かんといておくれやっしゃ――


明治初期に創業した料理店の主人は、そう言って大きく手を横に振った。

これが京都の店なのである。百年経っていても、老舗などおこがましい。そういう姿勢だからこそ、長く京都人から愛され続ける。

加えて〈京〉という文字。その重みを知っているからこそ、軽々に〈京〉の文字を使わない。屋号に付け加えるにしても、必ず自らの出自に関わる文字などを残す。

たとえば、東山の麓にあって、絶景を有する料亭「京大和《きょうやまと》」などがその代表。奈良から移転してきたのか、祖が大和の出身なのかは分からないが、きっと〈大和〉の二文字に思い入れがあるに違いない。

ちなみにこの「京大和」。立派な料亭ゆえ、京都観光のついでに、というわけにはいかないが、料亭のエッセンスを詰め込んだ弁当ならデパ地下で購入可能。ジェイアール京都伊勢丹の地下二階の「京大和」コーナーには、手頃な値段で多様な弁当が並んでいる。最も安価な千六百円弁当が、昼どきには更にセール価格で税込み千八十円で売られていることもあり、出合えばラッキー。小さなしあわせ感が得られる。

話を本筋の〈老舗〉に戻す。

京都で〈この前の戦争〉といえば、第二次世界大戦ではなく、応仁の乱を指す、というのは言い古されたジョークだが、あながち冗談とは言い切れないところがあって、それは京都という街が、応仁の乱によって、ことごとく焼き尽くされたからである。

不幸中の幸いという言葉がふさわしいかどうか、先の大戦で、京都はさほど大きな空襲を受けることがなかった。

京都にはまったく空襲がなかったというのは間違いで、東山馬町《うままち》を筆頭に、空襲を受け、大きな被害をこうむった街もある。それでも他の都市に比べれば軽微といってもいいだろう被害で済んだ。

そういう意味で〈この前の戦争〉は応仁の乱だという話になるのであって、ウケを狙っているのでもなければ、街の古さを強調しているのでもない。

さて、その応仁の乱。いかに老舗が多い京都といえども、それ以前の創業で、今も健在の店となると、数えるほどしかない。

そのうちの一軒、というよりその代表ともいえるのが「本家尾張屋《ほんけおわりや》」。

京都の蕎麦といって、真っ先にその名が挙がる店は、一四六五年の創業というから、約五百五十年の歴史を持つ、京都でも有数の本物の老舗。

応仁の乱が起こる二年前、尾張国から移り住み、菓子屋として商いを始めた。その後、江戸期になって蕎麦切りも扱うようになり、御所に納める〈御用蕎麦司《ごようそばつかさ》〉となった。尾張から京に来て、三百年近く経ってからのこと。

五百四十年以上を経た今も、「尾張屋」は変わらず「尾張屋」。店の名にも、看板にも〈京〉の文字はない。しかしここが、京都でも有数の老舗。

京都人気を当て込んで、他府県から移転してくる店は、年々増えるばかり。そしてそれらのほとんどが、出自である地名を店に冠することはない。どころか、店名に

〈京〉を加え、如何にも古くから京都にあった店のように見せている。はて、かかる店が百年も続くだろうか。

五百年を超えて京都に根付いていても、故郷である尾張に誇りを持ち、屋号を保ち続けている「尾張屋」。京都の店はかくあるべし。

支店もあるが、やはり本店を訪ねたい。

車屋町《くるまやちょう》通二条下る。地下鉄烏丸線の〈烏丸御池《おいけ》駅〉から歩いてすぐのところにある。

明治初期の建築という店は、風情ある佇まいで客を迎え入れる。まずはくぐる暖簾《のれん》に目を留める。〈寶〉と染め抜かれている。宝が迎えてくれるのだから、ここから既に、しあわせが始まっている。

この店の名物とも言えるのが〈宝来そば〉。なんとも縁起のいい名前ではないか。宝が来る。是非とも来て欲しい。

しかも五百年を超える店なのだから、長命、長寿、繁栄の象徴。そこで食べるめでたさも半端なものではない。

朱塗りの盆に載せられて運ばれてくる〈宝来そば〉。蓋に金で〈寶〉と書かれた五段の漆器には、それぞれ蕎麦が盛られている。一段ずつ味を変えて食べられるよう、竹籠の中には幾種類もの薬味が添えられ、わりご蕎麦風に食べる。

年越し、引っ越しに蕎麦が付きものであるように、蕎麦そのものが縁起もので、細く長くの意を含んでいる。加えて五段という数。

仏教では、地・水・火・風・空の五つを五大といい、道教では、木・火・土・金・水。いずれも重要な項目を五つと決めている。人間でいえば五体、五臓、五感、と五つを基準にしている。

正しく、長く京都の伝統を守る名店で食べる〈宝来そば〉。様々な意を込めた蕎麦を食べて、しあわせが来ないはずはない。

〈釘抜地蔵〉に苦を抜いてもらう「五辻の昆布」のハート昆布を食べる「静香」の小便小僧に火消しを頼んでみる

洛中の西陣《にしじん》と呼ばれる界隈には、民間信仰が根強く残っていて、ゆかりの寺や神社が点在している。その中心地となるのは、おおむね千本今出川《せんぼんいまでがわ》界隈。ここでしあわせを探してみる。

界隈には、通称で呼ばれる寺社が多く、親しみを込めて〈さん〉付けで呼んだりもする。

たとえば智恵光院《ちえこういん》通、上立売《かみだちうり》通を上ったところにある「雨宝院《うほういん》」。弘法大師を祀った寺だが、近所の人たちはなぜか〈しょうでんさん〉と呼ぶ。

平安時代に創建された、古い歴史を持つ寺の本堂には歓喜天《かんぎてん》が祀られていて、それゆえ〈西陣の聖天さん〉と呼ばれ、少し訛《なま》って〈しょうでんさん〉となったという。

そんな通称寺のひとつに「石像寺《しゃくぞうじ》」がある。「雨宝院」から少しばかり西へ、千本通に面して建っている寺。

ここは通称〈釘抜地蔵《くぎぬき》〉。界隈の人々は〈釘抜きさん〉と呼んでいる。

正式には「家隆山光明遍照院《かりゅうざんこうみょうへんじょういん》石像寺」。千本通に建つ山門には〈家隆山〉と書かれた額がかかる。

石畳の参道を奥へ進むと、次の山門があり、そこには〈釘抜地蔵尊〉の提灯《ちょうちん》が下がっている。

石像寺の釘抜きと八寸釘を貼り付けた絵馬

境内には、釘と釘抜きのシンボルがあちこちに飾られている。中で印象的なのが、堂本印象《どうもといんしょう》が制作したという、釘抜きのモニュメント。さすがに洗練されたデザインで、古寺の境内にしっくりと溶け込んでいる。

その真後ろ、〈地蔵堂〉の背後には、重要文化財に指定された、阿弥陀三尊像が安置されている。正面が阿弥陀菩薩、奥に弥勒《みろく》菩薩、右側に観音《かんのん》菩薩、左側に勢至《せいし》菩薩と並ぶ。ひとつの石で光背《こうはい》まで刻まれた石像としては、日本最古と伝わっている。

そのありがたい本堂の壁を囲むように、千枚を超える、釘と釘抜きの絵馬が奉納されているが、これらはすべて、お礼として奉納された絵馬である。何のお礼かといえば、苦を抜いてもらった礼なのである。苦を抜くのに釘抜きを使う、というのが、如何にも親しみやすく、身近に感じられる所以なのだろう。

それにしても釘抜き。どんな経緯でこの民間信仰が生まれたのか。その始まりとなったのは、近くに住む豪商を襲った突然の病。

豪商で知られる紀伊国屋《きのくにや》道林《どうりん》という男。四十歳を超えたころ、突然両手が痛みだした。原因も分からぬまま、痛みはひどくなる一方。あれこれと治療をしたものの、その効果は、まったくと言っていいほどなく、日夜苦しんでいた。

そんなある日のこと。相変わらず痛みに顔をしかめる道林に、〈苦抜《くぬき》地蔵〉に願を掛ければ、きっと苦を抜いてくれるはず、と教える者がいた。

道林は早速その地蔵尊に願を掛けて祈った。

その夜、道林の夢枕に立った地蔵からお告げを受ける。

それは道林の前世の話。人に強い怨《うら》みを抱き、人形を作って、その両手に八寸釘を打ち付けて呪《のろ》ったという、世にも恐ろしい話だった。

その前世での罪が道林に災いし、報いとして両手の痛みとなって現れたという。そしてその地蔵は、呪いに使った釘を抜き取り、道林に見せた。翌朝、目覚めた道林。両手の痛みが消え失せていることに驚くばかり。手の痛みが治った道林は、早速地蔵堂へ報告に行く。するとと地蔵の前には血に染まった二本の八寸釘が。それを見た道林は、恐ろしさのあまり、震え上がったが、爾来《じらい》百日もの間、地蔵堂に日参し、感謝の念を熱心に伝えたという。

それを伝え聞いた町衆たちは、いつしかそれを〈釘抜地蔵〉と呼び、手厚く祀ったと言われ、今日の「石像寺」へと繋がった。

何ひとつの苦もなく暮らす者など、いるはずもない。まずはこの「石像寺」へ参詣し、苦抜きを祈願することから、しあわせが始まる。

〈釘抜きさん〉を出て、千本通を南に下る。今出川通のひと筋手前が五辻《いつつじ》通。この東北角にその名もずばり、「五辻の昆布」という昆布屋がある。京都人には〈五辻のこんぶやさん〉と呼ばれている店。

明治三十五年創業の老舗昆布商ながら、店舗も商品も常に時代の流れに沿った商いを続けている。

京都にはこうした昆布を商う店が多く存在しているが、それは多くが北前船によってもたらされた昆布を加工し、或いは出汁《だし》昆布として活用したことによる。

京都の軟らかな水によって、昆布の旨みは最大限引き出され、それを基本の出汁としてあみ出されるのが京料理。良質の昆布と水なくして、京料理は生まれなかったのである。

そんな昆布を手すきの技でおぼろに削って、自然の味を作り続けているのが、この「五辻の昆布」。出汁昆布もあるが、とろろ昆布や、昆布の佃煮、汐吹昆布、おやつ昆布など、豊富なバリエーションで昆布製品を商っている。

そもそもが、昆布は〈よろこぶ〉に繋がるとして、縁起物として知られるが、加えてこの店には更なる幸運を呼びそうな昆布がある。

京都では昔から、昆布の切れ端をおやつとして食べる習慣があり、出汁昆布の端っこを母親にねだって、ガムのようにして噛み続けていたものである。この店ではそれをちゃんとした形の商品にし、〈おやつ昆布〉として売っている。

美味しいだけでなく、カロリーも低く、昆布の栄養素も摂れるので是非ともお奨めしたい。

〈おやつ昆布〉は口に入れるだけで充分しあわせなのだが、その形がしあわせ感を倍増してくれるのだ。

〈ハート昆布〉〈星うさぎ〉〈鶴・亀・寿〉。型に抜いた昆布は見ているだけでも笑顔になる。食べるのが惜しいくらいだ。

春には〈さくら〉、秋には〈もみじ〉と季節ものもあり、洒落た京土産として覚えておくといい。

〈釘抜きさん〉で苦を抜き、型に抜いた昆布でしあわせを呼ぶ。万全の態勢である。と言いたいところだが、それでも何かくすぶっているものがあるなら、それを消し去る必要がある。

「五辻の昆布」を出て、千本通を下る。そして今出川通を渡ったら、西へ向かって歩く。数えて数軒目にあるのが「静香《しずか》」。クラシックなカフェである。

昔からの京都の喫茶店はたいていがこんな風だった、と思わせる店の造り。もっとも特徴的なのは、煙草《タバコ》屋を兼ねていること。

嫌煙派が圧倒的多数を占める今では考えられないだろうが、昔の喫茶店というのは、たばこを吸うための場所だったように思う。喫茶店とたばこは切っても切れない関係だったことを、この店構えが思い出させてくれる。

入口のガラスドアには小鳥や雲がデザインされ、レトロな空気で誘《いざな》ってくれる。これは、開店当時、職人が手で彫ったものだといい、今ではその修復すら難しいという希少なもの。

昭和十二年に、当時の芸妓、静香さんが始めた店を、翌年になって、今のマダムの両親が引き継いだという店。

すぐ近くには、京都の五花街《かがい》のひとつ上七軒《かみしちけん》があり、芸妓たちが西陣の旦那衆との待ち合わせに使ったという。

そんな昭和レトロの雰囲気が随所に漂っている。

内装はほとんどが開店当時のままらしく、モザイクタイルの張られた床、背もたれが隣席との間仕切りを兼ねる、背の高い椅子、昔懐かしいレジスターなどなど、往時を彷彿《ほうふつ》させる店内は見飽きることがない。

京都風に最初からミルクが入っているコーヒーと、オーソドックスなホットケーキ、などという組み合わせが一番この店には似合っているような気がする。

そして、この店でしあわせに繋がるのが、奥の庭にある〈小便小僧〉の像。

〈小便小僧〉はベルギーのブリュッセルが発祥とされている。

まだ二歳という幼いゴドフロワ二世が率いる軍は、グリムベルゲンでの戦いの際、戦場の兵士を鼓舞するため、ゆりかごに入れたゴドフロワ二世を木に吊るしておいた。すると、そこからゴドフロワ二世は敵軍に向かって小便をし、それで勢いをつけた味方軍を勝利に導いた。

という説がある一方、敵方がブリュッセルを爆破しようとして仕掛けた爆弾の導火線を、少年が小便をかけて消し、町を救ったという話もある。

いずれにせよ、子供の小便が、戦いを勝利に導く結果となったことは間違いない。言ってみれば勝利の天使。それもひとつのしあわせの形だが、火を消す、という意味でもしあわせに結び付く像でもあるのだ。

今では少なくなったが、かつては街角のそこかしこ、店の置物として、しばしばこの〈小便小僧〉を見かけたものだ。

それは文字通り、消火という意だった。いわば火難除けのシンボルである。先に書いたように喫茶店にたばこは付きもの。となれば、当然ながら最も怖れられたのは火災。そんなわけで〈小便小僧〉が守り神とされたのである。
転じて、恋の炎を消す意も込められていたという。
叶わぬ恋をあきらめ、胸の中で燃え上がった炎、あるいはいつまでもくすぶってい
る残り火を、〈小便小僧〉の力で消し去ってもらう。そんな役割も、この愛らしい像
が果たしてくれているのだ。
西陣で見つけるしあわせ。もっとも京都らしい空気を含んでいるような気がする。

「文子天満宮」で一願成就のお守りを授かる
「大宝」で〈大宝麺〉を食べる
「今西軒」でおはぎを買う

「文子《あやこ》天満宮《てんまんぐう》」。かなり珍しい社名だと思う。
天満宮といえば、言わずと知れた菅原道真公《すがわらのみちざねこう》を祀る神社で、京都にも幾つか天満
宮はあるし、全国津々浦々、天満宮、もしくは天神社と名が付く神社は数多《あまた》ある。

だが、それらの大半は地名を冠したり、ゆかりの名を加えたりしたもので、人名が付く天満宮はほとんどないだろうと思う。それも文子。今の時代にも文子という名の女性はたくさんおられるはずで、そんな文子さんが、この「文子天満宮」へ参詣されると、どんな気分になるのだろう。

さて、その文子とは。菅原道真の乳母《うば》、多治比文子《たじひのあやこ》のことである。乳母、すなわち育ての親である文子を、道真は長じても慕っていたという。それゆえ、大宰府《だざいふ》に左遷され、不遇の死を遂げたとき、道真は文子に念を送る。

文子天満宮の鳥居

——せめて魂だけでも、この九州から都へ帰りたい。右近の馬場に祠を構えて、私を祀ってくれないか——

夢の中で、そんなお告げを受けた文子だったが、つましい暮らしぶりゆえ、それを叶えることができず、代わりに自宅の庭に小さな祠を建て、そこに道真の霊を祀った。

という話だが、実はこれこそが、日本中にある天満宮の始まりだとされている。

道真が指定した場所、右近の馬場とは、北野天満宮の辺り。文子が祠をこの地に建てた五年後に、朝廷によって、右近の馬場に、道真を祀る「北野天満宮」が造営されたのである。

朝廷みずからが道真を祀ったかと言えば、祟りを畏れたからだ。

道真を大宰権帥《だざいごんのそち》に左遷してからというもの、都には疫病が蔓延するやら、落雷が相次ぐなど、良からぬことが続き、道真の死後は、それが更に顕著となる。

日照りが続いたかと思えば、御所の清涼殿《せいりようでん》が落雷を受けて火災が起き、多くの犠牲者が出た。更には醍醐《だいご》天皇の皇子が相次いで病死する。これらが道真の祟りだと畏れた朝廷は、道真の罪を赦《ゆる》すと共に、右大臣に戻し、正二位の官位を授けた。

死して名誉を回復した道真は神に昇格し、学問の神さまとして、広く崇められることになる。そのきっかけを作ったのが、誰あろう、文子なのである。

もしも文子にお告げがなければ、天満宮は今ほどの広がりを見せなかっただろうし、ひょっとすると、合格祈願に参拝する神社などなかったかもしれない。そう思えば、この「文子天満宮」のありがたさが身に沁《し》みてくる。

その場所はといえば「渉成園《しょうせいえん》」の近く、間之町《あいのまち》通に面していて、花屋町《はなやちょう》通を北に上がってすぐのところにある。

「北野天満宮」とは比べるのも憚《はばか》られるほど小さな社。それゆえ真実味が伝わってくる。石塔に刻まれた〈北野天満宮の前身神社　天神信仰発祥の神社〉という文字が、いかにも誇らしげだ。

こぢんまりした境内で、ひときわ目を引くのが〈腰掛石《こしかけいし》〉。

道真が太宰府へ向かう際、文子の家に立ち寄り、この石に腰掛けたという。父母でもなく、ましてや妻でもなく、乳母である文子がお告げの相手だったことを、この石が如実に表している。

永久の別れを告げに乳母の元へ。きっと立ち去りがたく、長くこの石に腰掛け、名残を惜しんだのだろう。

たいていの乳母は教育係も兼ねる。学問の神とされる道真を教え育てたとなれば、よほどの見識があったに違いない。境内に建つ文子の像がそれを彷彿させる。

祭神はもちろん道真公。小さな拝殿には〈学問の神様〉と記されている。

合格祈願をして、ここにお参りし、願いが叶ったなら、再びこの神社を訪れ、拝殿の裏側に回らねばならない。

裏にあるのは〈成就社〉。必ずしも合格祈願だけではない。ありとあらゆる願いを掛け、それが成就したならお礼参りをする。つい忘れがちだが、たいせつなことではある。

さてこの「文子天満宮」。ここで授かるお守りが、ひそかに人気を呼んでいる。〈文子守り〉と呼ばれるものがそれで、女性の神職がひとつずつ手作りしている。文子をイメージして作ったという、愛らしい着物姿のお守りは、着物と同じく衿を重ね合わせている。

他にも〈縁結びね貝守り〉もあり、こちらは本物の貝に正絹《しょうけん》の着物地を着せている。

誤植と思われた方もおられるだろうが、〈縁結び願い〉という意を込めて〈ね貝〉となっている。中にお香が入っているのも、香を幸にかけ、含むを福にかけ、幸福という意が込められている。

春には梅、桜。秋には菊、もみじなど。季節に合わせた柄が着せられている。

ふたつのお守りは、どちらも一願成就。恋愛、仕事運、健康長寿、学問上達など。願いをひとつに絞り込めば、叶う確率は高いと言われている。

様々に、しあわせを呼ぶ「文子天満宮」参拝の後、空腹を覚えたなら、縁起のいい名のラーメンがお奨め。

花屋町通を西に向かって歩き、烏丸通を北へ向かってすぐ。社から三分ほどで辿り着けるラーメン店の名は「大宝《たいほう》」。

以前は別のラーメン店だったが、近年現在の店に変わり、その名もめでたい「大宝」となった。

醤油系や塩系のラーメンも美味しいが、せっかくなので〈大宝麺〉を食べて大きな宝を狙いたい。

辛味噌を加えたスープで、普通、チョイ辛、大辛と、辛さを選べる。僕はたいていチョイ辛。チョイでも一杯食べ終えるころには、額に汗が滲《にじ》む。

僕はこれに〈チャーシューおにぎり〉を追加する。さほどの大食漢ではないが、この組み合わせがちょうどいい。

ある程度の満腹感がないと、幸福感は得られないというのが僕の持論。是非ともお試しいただきたい。

甘いモノは別腹、という向きにお奨めしたいのが、近くにある「今西軒《いまにしけん》」。美味しいおはぎが食べられる店だ。

「大宝」を出て、烏丸通を西側に渡り、北へ歩く。五条通のひと筋手前を西に入った辺り。昔ながらの二階屋に〈名物おはぎ〉と白く書かれた木製看板が下がる。

外に飛び出たように置かれたショーケースには、つぶあん、こしあん、きなこ、と三種のおはぎが並ぶ。

朝九時半の開店直後に売り切れてしまうことがあるほどの人気店。できれば予約をしておいたほうがいい。

この店では看板にあるように、通年〈おはぎ〉と呼んでいるが、俗に、春は牡丹《ぼたん》の花にちなんで〈ぼた餅〉、秋は萩の花にちなんで〈おはぎ〉と呼ぶことが多い。

つまりは〈おはぎ〉と〈ぼた餅〉は同じものと考えてよく、どちらもお彼岸には付きもののお菓子である。

そこで、しあわせ、である。

〈棚からぼた餅〉という言葉がある。努力なしに思いがけない幸運が舞い込んでくることをいう。省略して〈たなぼた〉と言ったりもする。地方によっては〈開いた口にぼた餅〉と言うこともあるようだ。

他にも〈ぼた餅で腰打つ〉という言葉がある。これは、幸運が向こうから舞い込んでくることをいう。〈ぼた餅食べて砂糖の木に登る〉とも言うようだ。

いずれにせよ、ぼた餅が幸運の象徴とされていることは間違いない。おはぎもまた同じ。おはぎはしあわせを呼び込むお菓子なのである。

〈縁結びね貝守り〉〈大宝麺〉、そして〈おはぎ〉。しあわせを招くものばかりである。たいせつなのは、そう思い込むこと。

不運は不運を呼び、幸運は更なる幸運を招く。ポジティブ・シンキングこそが、しあわせの秘訣。それをたしかめるには恰好のエリアである。

第三章

「洛東」でしあわせに気づく

「グリル富久屋」の屋号にあやかる〈フクヤライス〉を食べる

京都の食といえば、どうしても日本料理に目がいきがちだが、洋食というジャンルにおいても、長い歴史を持ち、傑出した料理を出す店が少なくない。

なぜ京都で洋食が発展したかと言えば、大きく三つの理由がある。

ひとつに京都人の気性。伝統を重んじることはもちろんだが、その一方で、新しもの好きという性格も併せ持っている。

京に都が置かれたころからその傾向はあったのだが、明治維新以降は、とりわけ顕著となった。

千年を超える都には、長く天皇が住まいを置かれていたのだが、明治になって東京へと移っていかれた。都人が受けた、その衝撃たるや想像を絶するものだったという。呆然とし、悲嘆にくれ、まるで京都の街が廃墟にでもなったかのように、人々の心は沈み切った。

今でも、東京の皇居は仮のお住まいだと言い切り、いつかきっと京都にお戻りになると信じてやまない京都人は少なくない。

しかし、嘆き悲しんでばかりいてはいけない。陛下がお戻りになるときに、立派な都であり続けなければ、という思いが、都の人々の目を新しいものに向けさせた。

その結果、京都には日本初がいくつも生まれた。日本で最初の市電が走ったのも京都なら、日本で最初に小学校が開かれたのも京都。日本で最初にセーラー服が採用されたのも京都の女学校。日本初の映画が上映されたのも、日本で初めて博覧会が開催されたのも、みんな京都なのである。

こうして徐々に活気を取り戻した京都の街には、やがて洋風の暮らしが根付き始める。モダンな洋館があちこちに建ち、ミルクホールや、昔でいうカフェ、洋食屋も増え始めた。とりわけ人気を呼んだのが洋食屋である。

今でこそ、フレンチだ、イタリアンだ、スパニッシュだのと、国によって細分化されているレストランだが、文明開化のころは、それらを総称して西洋料理店と呼んでいた。それらは主に、日本に住む西洋人に向けての料理で、日本風にアレンジすることなく、忠実に再現したものだったようだ。

しかしながら、当時の日本では、食材も調味料も海外と同じものを調達するのは極めて困難で、それゆえ日本にあるもので代用するようになったのが、今のいわゆる洋食の始まりとされている。

日本初の洋食店が開かれたのは、まだ明治維新以前のことで、当然のように外国人が多く住む長崎でのことだった。

店の名は「良林亭《りょうりんてい》」。坂本龍馬《さかもとりょうま》らも通ったという店の、今風に言うならオーナーシェフである草野丈吉《くさのじょうきち》は、明治維新を経て、京都にも支店を出すに至る。

草野が店を出したのは「八坂《やさか》神社」の大鳥居の真ん前。今の「中村楼《なかむらろう》」のすぐ近くで、店の名は「自由亭《じゆうてい》」。明治十年のことだったという。

「自由亭」は今風に言えばオーベルジュ。二十室の客室を備えたレストランで、日本に住む西洋人だけでなく、京都観光に訪れた外国人客で大いに賑わったようだ。

それだけの規模を持つ店だから、多くの料理人が必要となる。草野の薫陶《くんとう》を受け、西洋料理を学んだ、たくさんの若い料理人が育っていった。

そしてその「自由亭」が祇園《ぎおん》の真ん中にあったことが、京都の洋食を発展させる大きな要因となる。

京都で洋食が発展した理由。ふたつ目は、花街と近しくして来たこと。

花街祇園で遊ぶ旦那衆が、ハイカラな洋食に目をつけ、お茶屋遊びのあとさき、洋食に舌鼓を打つことが流行《はや》りとなった。ご飯食べと称して、舞妓芸妓を引き連れて洋食屋に通う。和服姿にはナイフ、フォークより箸が似合う。こうしてお箸で食べる洋食屋が次々と店を開くこととなる。明治も終わるころから大正にかけてのこと。

このころ、明治三十七年に創業した一軒に「ぎをん　萬養軒《まんようけん》」という老舗レストランがあり、ここは洋食屋というより、フレンチとしての色を濃くしていて、紆余《うよ》曲《きょく》折《せつ》を経て、今は祇園で店を開いている。

それから遅れること三年。明治四十年に店を開いたのが「グリル富久屋《ふくや》」。ミルクホールとしてのスタートだったようで、今もその当時のメニューが店に残っている。

ここもまた宮川《みやがわ》町という花街の中にあり、舞妓さん御用達の店になっているのは、今も昔と変わらない。創業百年を数える店ながらいたって気軽で、ご近所さんは喫茶店使いするほど。

この店の名物を紹介する前に、京都で洋食が発展を遂げた理由の三つ目。

それは京都が、洋食の要となる牛肉の名産地に囲まれていること。

今でも京都でカツといえばビフカツ。洋食に牛肉は欠かせない存在なのだが、近江牛、松阪牛、神戸ビーフといった、名牛の産地は京都を取り囲んでいる。これを僕は名牛トライアングルと名付け、京都で食べる牛肉がなぜ美味しいか、の主因としている。洋食のみならず、すき焼き、焼肉、京都の牛肉は実に旨《うま》いのである。

話を「グリル富久屋」に戻す。

なぜここで食べることが、しあわせに繫がるのか。ひとつにその屋号。「グリル富久屋」。富が久しく続くのである。富はしあわせの原点ともいえる。そして、ここでいう〈富〉は金銭的な〈富〉だけを指すのではない。知に富み、情に富み、縁に富む。様々に富むことほどしあわせなことはない。それが久しく続く。

ハンバーグやエビフライなど、洋食の華を詰め合わせた洋食弁当も、京都ならではのビフカツサンドもいい。どちらも舞妓さんのおちょぼ口に合うように、サイズや切り方などに工夫がなされている。

運が良ければ、お座敷前の舞妓さんに出会うこともある。それもまた、しあわせのひとつ。

が、この店でのしあわせ、それは店の名物ともいえる〈フクヤライス〉を食べることにある。

これをオーダーして待つことしばし。席に届いた〈フクヤライス〉を見て、歓声を上げない客はひとりとしていない。

黄色いお花畑に色とりどりの花が咲く。そんな風なオムライス。ただオムライスというだけでも、しあわせ感が満ちるのに、そこに花が咲くのだから、しあわせの極みと言ってもいい。しかも富が久しいのだ。京都を訪れたなら、まずは宮川町に来て〈フクヤライス〉を食べる。しあわせはここから始まる。

えびすさまのおかげで茶を飲めることに気付く「恵美須神社」の横板を叩く

七福神の一員である、えびすさま。その表記は様々で、夷、戎、胡、蛭子、蝦夷、恵比須、恵比寿、恵美須と、幾つもの字があてられる。

たとえば東京の山手線の駅名は恵比寿で、渋谷区の地名でもある。その恵比寿駅のすぐ傍らに建つ神社も「恵比寿神社」と名が付いているが、元は天津《あまつ》神社と呼ばれて

恵美須神社の鳥居

いたのを、ヱビスビールに因《ちな》んで、兵庫県の「西宮神社」から、恵比寿神を勧請して、合祀《ごうし》し、「恵比寿神社」に改名したと言われる。

しかし、その「西宮神社」は全国えびす宮の総本社だが、漢字ではなく平仮名で〈えびす〉と表記している。多くの表記を統一して、という意だろう。

なぜ多くの表記があるかは不明だが、えびすさまは、七福神の中で唯一、日本由来の神さまであることは間違いない。

伊邪那美命《いざなみのみこと》と、伊邪那岐命《いざなぎのみこと》の間に生まれた子供を祀ったものとされていて、平安時代末期の書物に〈えびす〉の名が初めて登場する。

海の神、漁業の神、或いは〈寄り神〉とも呼ばれ、漂着したクジラなどによって、思いがけず収入を得ることができるのは、えびすさまのおかげだとする民間信仰もあるようだ。

漁業が中心をなしていたころから、やがて商業が主な産業になってくると、えびすさまは、豊漁転じて、商売繁盛の神さまとして崇められるようになり、今に至っている。

本家「西宮神社」に負けず劣らずの人気を誇っているのが、京都の「恵美須神社」。東京の恵比寿とは文字が違っている。もっとも神社のホームページでは〈ゑびす〉と旧字体の平仮名を使っているのだが。

大和大路《やまとおおじ》通四条下る。「建仁寺《けんにんじ》」のすぐ西側に建つ「京都ゑびす神社」は、普段はさほどの賑わいを見せないが、一月初旬、〈初ゑびす〉のときは押すな押すなの大盛況となる。

十日の〈本ゑびす〉はもちろんのこと、前日の〈宵ゑびす〉や、翌十一日の〈残り福祭〉まで、狭い通りには、「恵美須神社」を目指す列が絶えることはない。

――商売繁盛で笹持って来い――

通りの両側にびっしり並ぶ屋台を横目にして歩き、鳥居が近づくと、独特の掛け声が聞こえてくる。これはどうやら全国共通のようだ。

多くの参拝客が手に持っているのは、前の年に買い求めた福笹。これを返納して、新たな福笹を授かるのが、京都人の流儀。

巫女《みこ》さんから授かった笹に、あれこれと飾り物を付け、満足いく福笹になったころには、けっこうな金額になっているが、渋々ではなく、喜んでこれを納める。そのときの顔を〈えびす顔〉と呼ぶ。

福笹のほかに〈人気傘〉と呼ばれる飾り物もあり、これは特に商家がこぞって買い求める。

赤い布を巻いた竹傘に紙人形がぶら下がり、〈人気大よせ〉と書かれた札が下がっている。これを最初は小さなものから買い求め、年々大きいものに買い替えていく。数百円から、最大は二万五千円くらいまで。これを店に飾ると、〈人気傘〉に比例して客が増えていく、と信じられている。

うまく〈初ゑびす〉のころに来ることができれば、こんな愉しみがあるが、もちろんいつ訪れても、えびすさまから、しあわせを授かることができる。

さほど広い神社ではない。最初の石の鳥居をくぐるとすぐに石畳が奥へと延びていて、ふたつ目の鳥居が見えてくる。

ここを見過ごしてはいけない。鳥居の下から見上げてみる。と、普通の鳥居にはないものが見えてくる。

通常、額束と呼ばれる箇所に、箕《みの》に収まるえびすさまのお顔が祀られている。

箕は網状になっていて、そこには多くの硬貨が納められている。うまく投げ入れることができれば、金運に恵まれるといわれるが、周りに人がいないときでないと、危険が伴うので注意が必要。

社殿でお参りをしたら、左横に回りこんでみる。隙間から見えるのは、鯛を持ってご満悦のえびすさま。ここでなすべきことは、板壁を叩くこと。

恵美須神社本殿横の「たたき板」

えびすさまは福耳をしておられるが、実は少々耳が遠い。お参りに来たことを知らせるために、壁を叩く。こぶしの跡で、板壁が丸くすり減っているのは、多くの参拝客が訪れている証でもある。

さて、この「恵美須神社」。なぜこの場所に建立されたかといえば、当社の東側に建つ「建仁寺」にその答えがある。

「建仁寺」が建立されたのは建仁二年（一二〇二）と

いうから、鎌倉幕府ができてしばらく経ったころ、将軍 源頼家《みなもとのよりいえ》が、この寺域を寄進し、栄西《ようさい》禅師を開山として建立された寺。

その栄西禅師が、一一九一年、中国から船で日本に帰ってくるときのこと。激しい暴風雨に襲われ、転覆寸前の危機を迎えた。

そのとき、海の上に現れたのが、えびすさまだった。栄西禅師ら一行は、船に迎え入れ、手厚く祀ると、すぐに嵐は収まり、海は嘘のように静まり返ったという。

無事に日本に帰り着いた栄西禅師は、その後、十年ほどの時を経て「建仁寺」を建立する際、鎮守社《ちんじゆしや》として「建仁寺」の山内にえびすさまを祀ったのが、「恵美須神社」創建の由来と伝わっている。

えびすさまを筆頭に、大黒天、弁財天、毘沙門天、福禄寿《ふくろくじゆ》、布袋《ほてい》、寿老人《じゆろうじん》と、七柱の神さまを七福神と呼び習わし、福を授けてくださる神さまとして、広く篤く信仰を集めている。

外来の神さまがほとんどなだけに、日本古来の神さまとして、えびす神の存在が際立つ。

更には栄西禅師という実在の高僧の危機を救ったという伝承。

禅宗の礎《いしずえ》を築いただけでなく、茶の葉を日本に持ち帰り、喫茶という習慣を広めたことから茶祖とも称される栄西禅師。もしもえびす神が現れず、難破して命を落としていれば、禅宗もお茶も、ここまでの隆盛には至らなかったに違いない。

ただ笑顔をふりまき、えびす顔で福を授けるだけでなく、今日ある日本文化は、えびす神がおられたからこそ生まれたと思えば、そのありがたみは、いやが上にも増す。

えびすさまに感謝の祈りを捧げることは、きっとしあわせに繋がる。

大の字の真ん中に立ってみる
消し炭をお守りにする

時ならぬ絶景ブームである。世界の絶景、日本の絶景。絶景をタイトルにしたテレビ番組も増え、書店の店頭には絶景本コーナーができている。かく言う僕も、絶景を冠した番組を監修してきたし、絶景をタイトルにしたムックも刊行した。

人はなぜ絶景に憧《あこが》れるのか。それは実に単純な話で、絶景を見ると、人は心地よくなり、快感を得られるからである。つまりは、しあわせの発露。

そしてその絶景は、大きくふたつに分かれる。

ひとつは大自然が織りなす絶景。たとえば富士山。

日本一と言われるのは、その高さのみならず、際立った美しさゆえのこと。或いは華厳《けごん》の滝。流れ落ちる水の清らかさも相まって、文字通り、心が洗われる。

そこに日本の四季が加わると、絶景はより一層輝きを増す。雪を抱く富士の峰。紅葉に包まれる華厳の滝。

日本の四季というものは、ただそれだけで絶景を生み出すことも多く、たとえ名もなき場所だったとしても、桜が咲き乱れる川辺や、新緑が覆い尽くす森など、誰もがその光景を見て心を和ませる。

もうひとつは人工の造形物。

たとえば大都会東京の夜景。きらめく星を凌駕《りようが》するように、無数の輝きを宝石のように散りばめた街。建ち並ぶ高層ビルに灯る明かりに、誰もが魅入られ、心を昂《たかぶ》らせる。

或いは能登《のと》の千枚田《せんまいだ》。広い平野を持たず、傾斜地を利用するしか術《すべ》がなかった。そこに人の営《いとな》みの尊さを見出し、深いため息をつく。

ブームとなった感さえある工場群などもそのひとつ。無機質な建築ながら、もうもうと煙を吐き出し、日夜動き続ける姿に感動を覚える向きも少なくない。

大自然、人工の造形物。人はそのどちらにも偉大さを見、絶景として讃える。

京都にも絶景と呼ばれるポイントは幾つもあり、それらはしばしば百を数えることがあり、京都百景と呼ばれる。

その多くは、自然と人、更には四季が合わさって生み出される絶景で、雪が降り積もった「金閣寺《きんかくじ》」の朝や、紅葉に覆われる「三千院」など。四季折々の古刹《こさつ》は、京都を代表する絶景となる。

もしくは京都を代表する行事。祇園祭の山鉾《やまほこ》巡行や、葵祭の祭礼行列。前者はその通る道筋が些か興を削《そ》ぐが、後者は京都御所を出発してから、賀茂川沿いの道や、下鴨、上賀茂両社の境内など、背景も美しく、絶景という意味では、こちらに軍配が上がる。

たった一日だけ、ということで絶景に希少さが加わるという意味では、盂蘭盆会《うらぼんえ》を締めくくる行事、五山《ござん》送り火がその典型。

八月十六日の夜八時。彼岸から此岸へ戻って来られた祖を、ふたたび彼岸へとお送りする火。代表となるのは東山如意ケ嶽《にょいがだけ》に灯る〈大〉の字。

わずかに小半時だけ燃える火は、洛中のたいていの場所から見上げることができ、都人はこれに手を合わせ、ゆく夏を惜しむ。

高いビルなどがあれば別だが、如意ケ嶽の〈大〉の字は、洛中から北であれば、ほとんどの場所から見ることができる。

如意ケ嶽の〈大〉の字

ということは、〈大〉の字からは京都の街が一望できるということにもなる。

京都人にはお馴染みだが、如意ケ嶽は手軽に登れる山として知られ、特に火床《ひどこ》と呼ばれる〈大〉の字までは、軽いハイキング感覚で登れる。

山を下から見上げ、〈大〉の字をじっと見つめる。

よし。あの〈大〉の字の真ん中に立ってみよう。そう意を決する。

いくつかの登り口があるが、「銀閣寺」の北側を回り込む形で、山道を登っていくのが主ルート。

最初は緩やかだが、坂道は少しずつ険しさを増し、最後の石段を上るころには、たいてい息が上がっている。

途中、登山道の上をケーブルが通っているのを見かけるが、これは送り火の際、薪《まき》を運ぶためのリフト。わずか一日だけしか稼働しないのだが、大量の薪を人力だけで山上まで運び上げるのは並大抵のことではないのだろう。

さて、最後の石段を上りきると、いきなり空が広くなり、視界が開ける。いよいよ火床に到着。

〈大〉の字を中心とした広場。まさしく京都市街を一望のもとに見下ろせる。これぞ絶景。

必ず京都市の地図を携行したい。眼下に広がる景色と、広げた地図を照らし合わせ、あれが「京都御苑」、その右手が「下鴨神社」の糺《ただす》の森、などとたしかめるのが、この場所の一番の愉しみ。

右が北、左が南、向こうが西。方角も分かりやすければ、碁盤の目になった街並みもくっきりと浮かぶ。

西山の眺め。高野川と賀茂川が合流し、鴨川となる川の眺め。これらが自然織りなす絶景だとすれば、長く時代をかけて築きあげてきた京の街並みは、人の手による絶景。その両者が合わさって、かくも美しく、広大な眺めとなる。

そして足元を見ると、〈大〉の字に沿って石組みが設けられているのが分かる。この〈大〉の字の各画が交わるところを〈金尾《かなわ》〉と呼び、まずはここに立って、市内を見下ろす。

山に登る前に見ていた、あの〈大〉の字の真ん中に今自分が立っていることを実感する。ただそれだけのことで、しあわせになれるような気がするではないか。

ところで、なぜ〈大〉の字なのか。これには諸説あって、たしかな話はない。

〈大〉という字が、星を象っていて、仏教でいうところの、悪魔退治の五芒星《ごぼうせい》を意味する、という説があれば、北極星を象ったのが〈大〉の字だという説もある。

或いは、弘法大師《こうぼうだいし》空海《くうかい》が、〈大〉の字の型に護摩壇《ごまだん》を組んでいたことから、送り火を〈大〉の字にしたのでは、という話もある。

京都人の多くは最後の説を信じていて、子供のころに祖母から、

――大文字の送り火を始めはったんは弘法《こうぼう》さんや――

と聞かされたことがある。

それを表すかのように〈金尾〉の真後ろには、弘法大師を祀った〈大師堂〉がある。更には〈大〉の字は空海の筆だとも言われている。

〈弘法筆を選ばず〉と言われるほどの能書家《のうしょか》で知られる空海。その字の中心に立つのは快感そのもの。

京都の街を飽かず眺め、〈大〉の真ん中に立つ実感をたしかめたなら、もう一度足元をよく見てみる。

火床で薪を燃やした後の消し炭が、いくらか残っているはずだ。五山送り火の翌日は、これを目当てに山に登る人も少なくない。

大きなものは奉書紙で巻き、水引をかけて玄関先に吊るすと、災厄除けになる。小さなものは懐紙で包み、お守り代わりにするといい。或いは微量なら水と一緒に飲むという手もある。

送り火当日、燃え盛る〈大〉の字を、盆の水や、杯の酒に映し、それを飲むと無病息災でいられるという言い伝えがある。舞台に上る前の役者が、手のひらに〈大〉の字を書いて、これを飲む仕草をするのも同じ意。無事を願ってのこと。

〈大の字になって寝っ転がる〉というのは、心地よさの表現。四肢を伸ばすかのような〈大〉の字。いつも京都の街を見守っている。それこそが、しあわせの象徴。

「法然院」で心を清める
「善気山」の〈善気〉を取り込む
「大豊神社」で恋を成就させる

春は桜、夏は緑陰、秋は紅葉、冬は雪景色。一年を通して、そぞろ歩きの愉しみを与えてくれるのが〈哲学の道〉。

北は「銀閣寺」辺りから、南は「熊野《くまの》若王子《にゃくおうじ》神社」近辺まで、疏水《そすい》の流れに沿って続く細道。

明治時代、多くの文人が住む界隈は〈文人の道〉と呼ばれるようになり、その後、京都学派の哲学者・西田幾多郎《にしだきたろう》たちが、よく散歩していたことから〈哲学の小径〉とも呼ばれることがあったという。

昭和四十七年になって、地元の住民たちがこの道を保存しようとして〈哲学の道〉と定めたことで、その名がよく知られるようになった。

日本の道百選にも選ばれているだけあって、通りの道幅といい、流れの水量といい、植えられた木の表情が豊かなせいもあって、ぶらぶら歩くには恰好の散歩道である。

別に哲学などせずとも、ただただ水の流れに沿って、ゆるやかにカーブを描く道筋を歩くだけで、充分愉しめる。

と、ここで水の流れをよく見てみる。水は南から北へと流れている。

これは実は不思議なことなのである。京都の地理が頭に入っているなら、きっと不思議に思うはず。なぜなら、京都盆地は北から南へ大きく傾斜していて、かなりの標高差がある。したがって、市内を流れる川は、決まって北から南へ流れている。南から北へ川が流れるはずがない。

水は必ず低きに流れるのだから。

ではなぜ、この流れは土地の高さに逆行しているのか。

それは、この流れが川ではないからである。この水は琵琶湖《びわこ》疏水の流れ。明治の大事業として知られる琵琶湖疏水。簡単に言えば、琵琶湖の水を強制的に引いてきて、それを上水道として、京都市内に分配しているのだ。

この〈哲学の道〉を流れているのは、その疏水の一部。つまりこの水は、琵琶湖から押し流されてきているともいえる。それゆえ、時折この流れには琵琶湖の貝や魚を見ることがある。ちょっとした不思議。

車も通らず、道沿いには幾つもの名所がある。それだけでも充分だが、しあわせの緒は〈哲学の道〉にも幾つか見つけることができる。

そのひとつが「法然院《ほうねんいん》」。

——人は人　吾はわれ也　とにかくに　吾行く道を　吾は行くなり——

西田幾多郎が詠んだ歌。その歌碑のすぐ近く、〈哲学の道〉からわずかに東に上がったところに佇む古寺。

正式名称は「善気山《ぜんきさん》萬無教寺《まんむきょうじ》」。

寺の通称名が示すとおり、ここは法然上人ゆかりの寺。鎌倉時代に、法然が弟子たちと共に六時礼讃《ろくじらいさん》という行を行った草庵だったことから、その名が付いたという。法然といえば、八十歳で大往生を遂げたと伝わる、長寿の僧。それにあやかれるのも当寺ならでは。

ちなみに六時礼讃とは、仏教において、法要、念仏三昧《ざんまい》を行うことをいうようだ。一日を六つに分け、読経、念仏、礼拝を行うのだという。

或いは、朝、夕の六時になったら、阿弥陀仏を礼拝する決まりだったことから、という説もある。

どちらにしても、終日仏の道に専念し、行を行うには、この辺りはふさわしい場所だったのだろう。

そんな厳かな空気を湛える石段を上り、侘《わ》びた山門から寺内に入る。

通りから石段を見上げると、まるで山居のような小さな山門が見える。近づいて、よく見ると、茅葺《かやぶき》屋根の上は苔むし、市内の中心部にある寺とは思えない、鄙《ひな》びた光景に誰もが驚く。

山門をくぐってすぐ、参道の両側に設えられた白砂壇《びゃくさだん》は水の流れを表し、この間を通ることで、身も心も清め、これより浄域に入ることを意味している。

あえて水を使わずに、水の流れを表す。いわゆる枯《かれ》山水《さんすい》。ふたつの白砂壇には、水とともに、季節の意匠も描かれ、参拝客の目を愉しませてくれる。

さてこの「法然院」。すぐ傍らに「善気山」という小さな山があり、そこから〈善気水〉流れてきていて、境内に涌き出ている。期間限定ながら、特別公開の際には、その水を使って点《た》てたお茶を飲むことができる。

法然院の白砂壇

しかし、たとえその水を飲めなくても、〈善気水〉が発する〈善気〉は、きっと身体に、心に取り込むことができるはずだ。
東山三十六峰のひとつ、第十四番の山でありながら、その存在を知る人は少なく、京都人でも「善気山」といわれて、その場所を特定できる者はほとんどいないだろう。

ここに登ってみるのも一興。標高はわずかに二百六十六メートルだから、高さとしては大した山ではない。とは言っても山道になるので、ハイヒールで、というわけにはいかないが。

寺の脇にある墓地の、阿育王塔《あしょかおうとう》の左からかなりの急坂を上る。狭い平地を越えて、やがて高い松の木が植わる、平坦な「善気山」の頂に出る。松の木の隙間から、京都の町並みを垣間見ることができる。

山の名に〈善気〉と付いているくらいだから、よほど善い気が流れているのだろう。何度も深呼吸するうち、善い気が身体に入ってくることを実感できる。

山を降り、次に向かうのは「大豊《おおとよ》神社」。大きく豊か。この社名もまた縁起がいい。仁和《にんな》三年の創建。宇多天皇の病気平癒を祈願して、藤原淑子《よしこ》の命により建立されたという。医薬の神である少彦名命《すくなひこなのみこと》、学問の神、菅原道真、そして勝運の神と称される応神《おうじん》天皇の三柱を祭神としている。

境内に建つ四つの末社には、それぞれゆかりの生き物が狛犬の代わりを務めているのが愉しい。

災厄除けとされる〈日吉《ひよし》社〉には狛犬ならぬ狛猿が、火除けの神で知られる〈愛宕《あたご》社〉には狛鷲《こまわし》、商売繁昌の神〈美田稲荷社《みたいなり》〉には狛狐が、そして、あらゆる福を授けてくださる〈大国社〉には狛鼠が鎮座している。

〈大国社〉は出雲大社の分神で、大国主命《おおくにぬしのみこと》を祀っている。『古事記』に、大国主命が野火に遭った際、鼠に導かれて助かったという話がある。

その『古事記』での記述を子細に見れば、ただの火難ではない。今風に言えば恋バナなのである。

あるとき、大国主命は、須勢理毘売命《すせりびめのみこと》と恋に落ちる。

そして、そこに現れるのが、須勢理毘売命の父親である素戔嗚尊《すさのおのみこと》。すんなりと娘を嫁にやる父がいないのは、今も昔も同じ。

素戔嗚尊の元を訪ね、娘を欲しいと申し出る。

手塩にかけて育ててきた娘を、そう、やすやすと差し出してなるものか。そう思った素戔嗚尊は、大国主命に無理難題を押し付ける。

広大な野原に鏑矢《かぶらや》を放った素戔嗚尊は、その矢を取りに行くよう命じる。

大国主命は言われるがままに、その矢を取りに行く。すると素戔嗚尊はその野原に火を放ってしまう。まさかそんな仕打ちを受けるとは思いもしなかった大国主命。どうしたものかと、途方に暮れてしまう。

そこに現れたのが鼠である。火に包まれた大国主命を見事に洞穴へと引っ張っていき、矢も口に咥《くわ》えて持ってきてくれたという。

かくして見事なまでに、大国主命の難を救った鼠。当然のように〈狛鼠〉となったのである。

嫁にやる。そんな言葉は通用しない時代になったとしても、嫁ぐ娘に対する父親の思いには格別のものがある。それゆえ、恋路が叶わぬことだってある。そんな苦難に出合ったなら、この「大豊神社」を訪ねてみよう。

鼠の導きで、恋の願いが叶うかもしれない。

第四章

「洛西」でしあわせを願う

「三尊院」でしあわせの鐘を撞く「西山艸堂」で湯豆腐を食べる

日本各地を旅していると、しばしば見かけるのが〈しあわせの鐘〉。

とりわけリゾートなどで目につくのだが、釣り鐘から下がる紐を引き、鐘を鳴らすとしあわせが訪れるという触れ込みで、記念日に訪れる客も少なくないという。

先般、沖縄を旅した際も、オクマビーチで〈カラン・カラン〉と名付けられた、しあわせの鐘を見つけた。

真っ青な海へと続く桟橋に、真っ白いアーチが作られ、そこに釣り鐘が下がっている。たしかにカラン、カランと乾いた音を海と空に響かせる。

鐘を鳴らす。そのとき人は、しあわせを願う。もしくは、しあわせであることに感謝する。鐘はしあわせの象徴。

教会で結婚式を挙げると、鐘の音が響き渡る。しあわせのしるし。ウェディング・ベルという言葉もある。

ローマ教皇を決める、コンクラーヴェという選挙でも、新教皇が決まり、煙突から白い煙が出た直後には、バチカンのサン・ピエトロ大聖堂の鐘を鳴らして正式な合図としている。

つまりは、西洋においての鐘は慶事のしるしということだろう。

同じ鐘であっても、お寺にある梵鐘《ぼんしょう》は些か様子が異なる。

大晦日の深夜。日付も年も変わろうとするころ、『ゆく年くる年』というテレビ番組には、必ずといっていいほど、京都「知恩院《ちおんいん》」で鳴らされる除夜の鐘が映し出される。

百八つの煩悩《ぼんのう》を払うために、鐘を撞《つ》く。西洋の鐘とはかなり趣が異なる。鐘に限ったことではないが、なにごとも西洋は外に向けて、東洋は内に向ける。

かつて、京の街なかの寺では、比較的自由に鐘を撞くことができた。時報代わりに鐘を鳴らす寺もあり、洛中を歩くと、そこかしこで鐘の音が響いていた。それを聴いて、京都の寺の多さを実感することもあれば、心の琴線に触れることもあり、余韻が長く続けば続くほど、その思いは深まったものだ。

時代は変わり、騒音だとして近所から苦情が出るようになったせいもあり、鐘楼《しょうろう》への立ち入りを禁じる寺が増えてきたのは、なんとも残念なこと。

梵鐘は本来、法要など仏事の予鈴として撞くもので、仏教における役割を果たしている。朝夕の時報として撞く鐘は、暁鐘《ぎょうしょう》、昏鐘《こんしょう》と呼ばれ、単に時報として撞かれるだけでなく、その響きを聴く者に対し、一切の苦から逃れ、悟りに至る功徳《くどく》をもたらすとされている。つまり、梵鐘には功徳という意が込められている。

つまり鐘の音を聴けば、功徳を授かることができ、鐘を撞く者は、人に功徳を分け与えることができるということになる。当然のことながら、鐘を撞く者の耳にも梵鐘の響きは届くわけで、人に与え、自らも授かるという、両面での功徳。

では、その功徳とは何か。

辞書によれば、

――善行や福徳における優《すぐ》れた性質、また善や福を積んで得られたもの――

とある。善や福。これはまさしく、しあわせに繋がる。

自分で鐘を撞くことができる寺。今の京都では数少ないが、嵯峨野《さがの》に建つ天台宗の寺院「二尊院《にそんいん》」なら、それが叶う。

一番近いのはトロッコ嵐山駅になるが、ＪＲの嵯峨嵐山駅、もしくは嵐電《らんでん》の嵐山駅が最寄り。西に向かい、「常寂光寺《じょうじゃっこうじ》」を経て辿るのが一般的な道筋。

この界隈がもっとも賑わうのは春の桜と、秋の紅葉。どちらも道筋は人で埋まる。とりわけ紅葉の真っ盛りともなれば、鐘楼にも長い列ができ、人の背中を見てばかりになるので、できれば避けたいところ。

紅葉が始まる前の、秋風が嵯峨野に吹き渡るころか、もしくは桜が終わって、新緑が目に染みるころがお奨め。或いは、心静かに鐘を撞くことだけを目指すなら、薄っすらと雪が積もる冬場もいい。

京の冬の名物でもある湯豆腐と組み合わせての行程もいい。嵐電の嵐山駅前にある「西山艸堂《せいざんそうどう》」が一番のお奨め。嵯峨豆腐で知られる名店「森嘉《もりか》」の豆腐を使った、〈豆腐定食〉はしみじみと美味しい。

先に腹ごしらえを兼ねて、湯豆腐で身体を温めてもいいし、鐘を撞いてから、その余韻に浸りながら、湯豆腐をつつくのもいい。

豆腐もまた、しあわせを招く食べ物で、豆腐を食べると誰もが心を丸くする。

――湯豆腐や　いのちのはての　うすあかり――

久保田万太郎《くぼたまんたろう》がそう詠んだように、様々を過ぎ越してきて、波瀾万丈《はらんばんじょう》の人生を振り返り、やがて訪れる終焉にも、薄っすらとあかりが灯るように思えるのも、湯豆腐という穏やかで、やさしい味わいのおかげ。

荒ぶる心を鎮めるのに湯豆腐ほどふさわしいものはない。湯豆腐のしあわせ。

さて「二尊院」。正しくは、「小倉山《おぐらやま》二尊《にそん》教院《きょういん》華台寺《けだいじ》」。二尊とは、〈発遣《ほっけん》の釈迦〉と〈来迎の阿弥陀〉、ふたつの如来像をいう。

平安時代の初期、嵯峨天皇の勅により、慈覚大師円仁《じかくだいしえんにん》が建立したと伝わる寺は、紅葉の名所としても知られ、総門を入った辺りから続く〈紅葉の馬場〉と呼ばれる参道では、両側から参道を覆い尽くすようにして染まる、美しい紅葉を眺められる。

〈紅葉の馬場〉の突き当たりには、小ぢんまりした〈黒門〉があり、ここからも入れるが、その隣にある、威風堂々たる〈唐門〉から入ると、すぐに大きな〈本堂〉が見えてくる。

〈本堂〉に入り、肩を寄せ合うようにして祀られた仏像を拝んだ後は、石段を降りて鐘楼へ。

その名も〈しあわせの鐘〉と名付けられた鐘は、誰でも自由に撞くことができる。梵鐘は一六〇四年の鋳造《ちゅうぞう》だったが、現在は一九九二年に再鋳されたもの。その際に〈しあわせの鐘〉と名付けられたという。

傍らに立つ駒札によると、三度撞くのがいいようだ。

一撞いては生かされている吾がしあわせに感謝
二撞いては世の人々のしあわせに
三撞いては世界の平和のために

とある。祈りを込め、願いを込めて、三度、鐘を撞く。

低く長く続く余韻。

しあわせの根幹がここにある。自らのしあわせを願うのでなく、まずは感謝する。願うのは世の人々のしあわせ。

二尊院参道の石段

寺や神社を訪れて、ついついご利益を授かろうと、自分のしあわせばかりを願いがちになるが、それを戒《いまし》めるかのように、鐘の音が響き、耳にも心にも深く残る。しあわせに感謝。世の人々のしあわせを願う。本書の意も、まったく同じである。

化野念仏寺で、石仏を供養する
愛宕念仏寺で、自分に似た羅漢さまを探す

嵯峨野。いうまでもなく、京都を代表する景勝の地である。嵐山渡月橋《とげつきょう》から西北へ、点在する古刹を順に詣り、竹林を抜ける。嵯峨野という言葉の響きも相まって、深く心に沁み入る風景が続く。

歩くごとに里景色は山景色に代わり、やがて愛宕山の麓に行き着く。

愛宕山は山そのものが神の域であり、それを示すかのように鳥居が立つ。その辺りを嵯峨鳥居本と呼び、文字通り、愛宕信仰の入口である。

この鳥居本にふたつの念仏寺があり、ひとつは「化野念仏寺《あだしののねんぶつじ》」、今ひとつは「愛宕《おたぎ》

念仏寺」。それぞれ浄土宗、天台宗と宗派が異なるが、どちらも多くの石像があることで知られている。

最初に訪ねたいのが「化野念仏寺」。

化野。多く京都で野が付くところは、古く葬送の地だったと言われる。鳥辺野《とりべの》、蓮《れん》台野《だいの》、紫野《むらさきの》、みんなそうであるように、ここ化野もまた死者を弔《とむら》う場所だった。

弔うといっても、昔は風葬がほとんどで、つまりは屍《しかばね》を放置するだけだった。

――誰とても　とまるべきかは　あだし野の　草の
葉ごとに　すがる白露――

西行がそう詠んだように、化野はしばしば無常の代名詞とされたほどの惨状だった。

それを見かねた空海が、多くの亡骸《なきがら》を埋葬し、この地に〈五智山如来寺《ごちざんにょらいじ》〉を建立し、無縁仏を供養したの

渡月橋

が「化野念仏寺」の始まりとされている。

その後は、法然上人の念仏道場となり、今は「華西山東漸院《かさいさんとうぜんいん》念仏寺」と呼ばれる、浄土宗の寺となっている。

化野の〈化〉という字は、一般には化《ば》けると読むことが多いが、化粧という言葉があるように、かわる、という意も表している。ここでは生から死への変化という意で、化野と名付けられたのだろう。

そんな場所でしかし、しあわせなど見つけられるだろうか、と疑念を持つ向きも少なくないに違いない。

そこで寺の名にもなっている、念仏が大きく関わってくる。

念仏とは、信心を得て、阿弥陀に救われたお礼に唱えるものと言われている。化野という地で、生から死へと変化したが、極楽往生を遂げることができた。ありがたいことだとして念仏を唱える。そんな場所なのである。更には輪廻転生という意も〈化〉という字には含まれているはず。

生きとし生けるものはすべて、いつか死を迎える。だが極楽往生もあれば、生まれ変わりもある。何も怖れることはない。そんなことを感じさせてくれるのが、この

「化野念仏寺」なのである。

寺の境内を進むとやがて〈西院《さい》の河原《かわら》〉が見えてくる。

西院は賽とも書き、〈賽《さい》の河原〉とは、子どもが死んでから行くと言われる冥土の三途の川のほとりの河原をいう。仏教における地蔵信仰と、民間信仰である道祖神の〈塞《さえ》の神〉が習合したもの、というのが通説となっている。

その数八千を超えるといわれる石仏や石塔が〈西院の河原〉を埋め尽くす。これらの多くは、明治も終わりころになって、近所に住む人たちの手によって掘り返され、ここに集められたと伝わっている。そのおかげで無縁仏たちもきっと成仏したに違いない。

盛夏。盂蘭盆会が終わり、地蔵盆が行われるころに合わせ、〈千灯供養〉がこの〈西院の河原〉で行われる。

八千体にも及ぶ無縁仏ひとつひとつにろうそくを灯し、供養する様は誰の胸をも打つ。五山送り火と同じく、都人の夏には欠かせない、灯の行事。

桜のころ、新緑のころ、紅葉のころ、雪降るころ。四季折々、この〈西院の河原〉は表情を変え、人の世のはかなさを訴え続ける。短い人生なればこそ、精一杯生きる。そんなしあわせを見せてくれるのが「化野念仏寺」なのである。

「化野念仏寺」を後にして、しばらく歩くと茅葺屋根の家が細道の両側に続き、山里らしい風景が顔をのぞかせる。

更に先へ進むと、やがて細道の正面に朱の鳥居が見えてくる。ここからが愛宕山、つまりは「愛宕神社」への参道ということになる。

鳥居の傍らには、苔むした屋根が侘びた風情を醸し出す茶屋が二軒並んでいる。一軒が「鮎の宿　つたや」、もう一軒が「鮎司　平野屋」と看板にあるように、初夏から秋にかけて、名物の鮎料理を出す店として、都人に広く親しまれている。うまくシーズンに行き当たれば、是非とも鮎の塩焼きなどを食べてみたい。

元々が門前茶屋だったことから、茶菓子も出していて、僕はいつも「平野屋」の〈志んこ〉とお茶でいっぷくしている。

〈志んこ〉とは、米粉で作った団子を、つづら折れの参道を模して、団子の真ん中をひねったもの。ニッキ、お茶、白の三種類が皿に盛られていて、黒糖の入ったきな粉がまぶしてある。緋毛氈《ひもうせん》に座って、抹茶や桜茶と共に食べると、遥か昔にタイムスリップしてしまう。

いっぷくした後、「平野屋」の前の坂道を更に上る。右手に苔むす石垣、左手に素朴な垣根を見ながら上り坂を歩くと、やがて右からの道路と合流する。そのすぐ手前に建つのが「愛宕念仏寺」。石柱には〈愛宕寺〉と刻まれ、朱塗りの山門〈仁王門〉が迎えてくれる。

奈良時代の終わりごろ、聖武天皇の娘、称徳《しょうとく》天皇によって、東山の地に開創された寺「愛宕寺」が当寺の始まりとされる。当時は、四条の西院から東山一帯を愛宕郡と呼んでいたことから、その名が付いたという。

厄除千手観音を本尊とし、〈千二百羅漢の寺〉とも呼ばれる「愛宕念仏寺」。幾度となく興廃を繰り返し、現在地で今のような形となったのは、第二次世界大戦後十年ほど経ったころ。復興の立役者となったのは、仏師でもある西村公朝《にしむらこうちょう》住職。

西村公朝の名を一躍世に知らしめたのは、「三十三間堂《さんじゅうさんげんどう》」の千手観音の修復。千一体がおよそ二十年がかりで修復され、公朝はその内、六百体の修理を成し遂げたという。

その話を聞けば、当寺に千二百羅漢像が安置されていることも、至極納得できる。〈仁王門〉をくぐって、まずは〈羅漢堂〉へ。

ここでは公朝が刻んだ〈釈迦十大弟子像〉を必ず観ておきたい。蓮華蔵世界を描いた天井画をはじめ、公朝の作品である仏画、仏像を間近に観ることができる。〈三宝の鐘〉と呼ばれる鐘楼も見どころのひとつ。佛、法、僧。三つの鐘が金色に輝いている。

その奥に広がるのが〈千二百羅漢〉の庭。

羅漢は、正確には阿羅漢といい、仏教で尊崇や布施を受けるにふさわしい聖者のこと。

仏陀に常に付き添った五百人の弟子、もしくは仏滅後に結集した弟子たちを〈五百羅漢〉と呼び親しまれている。伊豆箱根鉄道では〈五百羅漢駅〉と、駅名にまでなっているほど。

公朝が募って、五百羅漢を当寺に集めようとしたところ、それを遥かに超える、千二百にも及ぶ羅漢像が集まった。

緑豊かな自然の中に、おびただしい数の羅漢さまが居並ぶ様は、なんとも微笑ましく、観る側も、つい、同じように顔が緩んでしまう。

明るい笑顔がほとんどだが、すまし顔もあれば、瞑想に耽《ふけ》るような顔もあり、順に観ていくだけで愉しい。

よく言われるのは、必ず一体は自分によく似た羅漢像があるということ。それを探し出す愉しみもある。

かつては葬送の地だった化野界隈に、ふたつの念仏寺があり、それぞれに千を優に超える石像が安置されているのは、偶然ではあるまい。人の肉体は滅んでも、その魂は不滅であることを、石に託したのだろうか。

高名な仏師の作でなくても、どんな小さな像であっても、無名の衆の作だったとしても、手を合わせる。しあわせは、そこから始まる。

〈嵐電〉の一日フリーきっぷを活用する
芸能神社でひいきの名前を探す
車折神社で神の石を授かる

先に嵐山の魅力を書いたが、嵐山というところは、そこに至る途上にも、多くの魅力を秘めている。その代表ともいえるのが〈嵐電《らんでん》〉。

明治四十三年春、四条大宮と嵐山間で開通した、嵐山電車軌道がその始まり。つまりは百年を超える歴史を持つ、老舗路線なのである。

かつて京都の街なかには、京都市電が縦横無尽に走っていて、どこへ行くにもこれに乗って出かけたものだった。至るところに停留所があり、時刻表などといったものがあったのか、なかったのか。停留所で待っていると、ガタゴトと音を立て、車体を左右に揺らしながら、やって来る電車に掲げられた系統番号を見て、人は表情を変えた。自分が乗りたい電車がすぐに来ればラッキー。何台も見送るときは運がない。そんな指標にもなった京都市電は、多くの京都市民に惜しまれつつ、その姿を消した。

今の京都で街なかを走る路面電車は、出町柳と八瀬、鞍馬を結ぶ〈叡電《えいでん》〉と、この〈嵐電〉だけになってしまった。わけても〈嵐電〉は街なかの大通りを横切ったり、一両だけの運行だったり、とかつての京都市電を彷彿させ、都人の郷愁を誘う。

京福電気鉄道嵐山本線というのが、どうやら正式名称らしく、支線にあたる北野線と合わせて〈嵐電〉と呼ばれるようだ。

〈四条大宮〉から〈嵐山〉まで、十三の駅を有し、二十二分で結ぶ。速いような、遅いようなだが、嵐山へと通じる道路の混雑ぶりを考えれば、時間が読めるだけでも充分価値はある。

この〈嵐電〉、難読駅名が幾つかあることでも知られている。〈蚕ノ社〉〈車折神社〉〈帷子ノ辻〉。さてどう読むか。京都人でも正しく読めない人が少なくない。プチ京都検定と思って、推理するのも愉しい。

嵐電の車両

そして〈嵐電〉の何よりの特徴は、沿線の愉しさにある。

中でも、本線である嵐山線の沿線には実に魅力的なスポットが点在し、しかもそれらが駅のすぐそばにあるのだからありがたい限り。

たとえば「車折神社」。難読で知られる神社は〈くるまざきじんじゃ〉と読むのだが、ここなどは、駅と神社は一体といってもいいほど。歩いて一分とかからず境内に入れる。

まずは順を追って沿線の愉しみ方。

〈四条大宮〉から乗車し、終点の〈嵐山〉へ直行するのもいいが、僕のお奨めは、見どころのある駅で途中下車しながら、〈嵐山〉へと向かう方法。なぜか。その答えは次の項にして、まずは〈蚕《かいこ》ノ社《やしろ》〉で降りる。

駅前から石の鳥居をくぐって、斜めに続く参道を辿ればすぐに「木嶋《このしま》神社」が見えてくる。

「木嶋神社」は、正式には〈木嶋坐天照御魂《このしまにますあまてるみたま》神社〉といい、延喜式内社。創建時期は不明だが、『続日本紀』に、この社の名前が記されているから、奈良時代より前から祭祀されていた、古い社なのだろう。

ここには、ちょっと珍しい鳥居がある。

京都三珍鳥居のひとつ、三柱鳥居である。三つの鳥居を三角形に組み合わせたもので、京都ではおそらくここだけにしかないはず。

三柱鳥居の中央が、宇宙の中心だとも言われ、そう言われれば、何か不思議な力を秘めていそうな気がする。

ここから〈嵐山〉まで、どの駅で降りても、しあわせを感じられるスポットがあるが、取り急ぎ代表的なところだけ。

〈蚕ノ社〉から四つ目の駅が〈車折神社〉。近年、その人気が急激といっていいほど高まってきた「車折神社」はホームの真横にある。そしてその人気のわけは、大きくふたつある。

ひとつは、いわゆるパワースポットとしての存在。

遺跡や神社などの聖地を、パワースポットと呼ぶことに少なからぬ抵抗を覚えている。ここは本書の根幹にもかかわることなのだが、最初から力を授かることだけを目当てに訪ねるのは間違っている。

まずは訪ねてみる。そしてその場所の由来や歴史を知り、その徴《しるし》をつぶさに観る。更に思いを馳せる。その結果として、何がしかの力を授かる。しあわせに近づく。そういうものなのである。

そこに霊力がはたらいていて、パワーをもらえるからというだけの理由で、パワースポットを巡ったとしても、何ほども授かることはできない。それだけは肝に銘じておきたい。

「車折神社」。その社名は、古く後嵯峨天皇が嵐山方面へ、遊行されたときの話に由来する。

当社の前で、一行の牛車《ぎっしゃ》の轅《ながえ》が折れて、動かなくなった。はて、これは何かしら神の怒りを買ったのではないか。そんな神威を畏れ、門前右側の石を〈車折石〉と名付け、〈正一位車折大明神〉の神号を贈ったことから「車折神社」となった。

それゆえ、当社では石を篤く信仰することとなり、お守りにも石が入っている。神職が祓いをした石が入ったお守りは〈祈念神石〉と名付けられ、黄色い布袋に入っている。

この石を両手ではさみ、願い事をしてから、毎日持ち歩く。しかるのち、願い事が叶ったら、石を拾ってきて、その石を洗い清め、お礼の言葉を書いて、指定の場所に納める。先に授かった〈神石〉は〈神石返納箱〉という別の箱があるのでそちらに納めるという仕組みになっている。

つまりは、この社を二度訪れることになるわけで、それには心身ともに健康であらねばならない。それもまたしあわせの社の所以。

境内にある〈清めの社〉は、石をモチーフにした円錐形の立砂が印象的。これは悪運を浄化してくれるそうだ。ここでまず悪運を祓った後、願い事を叶える〈祈念神石〉を授かる。当社ではふたつをセットにして奨めている。

たしかに石というのは不思議なもので、子供のころに賀茂川の河原で拾った石をポケットに入れ、ときどきそれを握りしめていた。そうすると何かしら勇気が湧いてくるような、そんな気がしたものだった。

「車折神社」の人気が高まる理由。ふたつ目は「芸能神社」なる境内社の存在による。

「芸能神社」。聞き慣れない名前だが、多くの芸能人の信仰を集め、朱の玉垣に記された芸名は成功の証でもある。

おそらくは日本でただひとつと思われる「芸能神社」。いつ訪ねても多くの参拝客で賑わっている。中でも修学旅行生の姿はひっきりなしで、参拝客の平均年齢の低さでは他を圧するだろうと思う。

以前は映画俳優や歌手など、玉垣に記される名前は年輩の人が多かったのだが、近年はアイドルグループやロック歌手など若い人たちの名前も多く見かけるようになったのが、その一因だろう。

松平健だとか、米倉涼子、ＥＸＩＬＥ、なんていう名前を見つけては嬌声《きょうせい》を上げ、写真を撮っている。こうした無邪気さも見ていて微笑ましい。本来の神社の役割と

芸能神社の玉垣

は、など堅苦しく考えず、人が集い、笑顔になるのも神社ならではのこと。

自分のひいきの役者やタレントの名が見つかれば、それは小さなしあわせ。

ちなみにこの玉垣。タレントだけでなく、あらゆる芸能、芸術、技芸の上達を望む者なら、誰でも奉納できる。有名人に交じって自分の名前があるのも愉しい気がする。二年間並べられて一万円。高いと思うか安いと思うか、それぞれの価値観によって異なるだろうが。


〈車折神社〉の次は〈鹿王院《ろくおういん》〉。駅のホームに掲げてある地図を見れば、すぐに辿り着ける。

「鹿王院」。その存在を知る人は少ないが、参道を覆い尽くす紅葉は、嵯峨野嵐山界隈でも白眉《はくび》の存在。多くが〈嵯峨嵐山駅〉から北を目指す中で、南に歩けば、こんな素敵な隠れ寺がある。

紅葉のころの参道といって、誰もが思い浮かべるのは「大徳寺《だいとくじ》」の塔頭《たっちゅう》である「高桐院《こうとういん》」。比類なき美しさを見せるが、それに勝るとも劣らないのが、この「鹿王院」の参道。石畳の参道が真っ直ぐに延び、その両側から紅葉が覆いかぶさってくる。

これほどに美しい紅葉は、そうそうあるものではない。紅葉といえば秋だが、初夏からの新緑もまた美しい。名勝嵐山を散策した後でもいいから、是非とも訪ねて欲しい寺院である。

〈鹿王院〉の次は〈嵐電嵯峨〉だが、さほどの距離はないので「鹿王院」の門を出たら、右手に進み、緩やかなカーブを描く道を進めば、五分ほどで〈嵐電嵯峨〉の駅に出る。

少しややこしいが、嵯峨と嵐山を分けて考えるなら、この駅は嵯峨野散策の最寄り駅になる。一方で、渡月橋を中心とした嵐山界隈を歩くなら、終点にあたる〈嵐山〉駅からが便利。いずれにせよ、ふたつの駅は大して離れてないから、健脚の方なら、どちらでもいいということになる。

「鹿王院」から南へ歩き、三条通に出て、桂川沿いを渡月橋目指して歩くのも一法。渡月橋近くまで来ると、急激に人も車も多くなる。目指す〈嵐山〉駅はすぐそこだ。

嵐山駅で足湯に浸かる「米満軒」で桜餅を食べる

京都の観光地といって、真っ先にその名が挙がる嵐山。年中その人波が絶えることはないが、わけても桜のころともなると、渡月橋辺りは人で埋まり、身動きが取れなくなることもしばしば。

一体、嵐山の何が人を惹きつけるのか。それはただ、風光明媚《ふうこうめいび》というだけでなく、安らぎを得るための様々が、この界隈に点在しているからだろうと思う。

さて嵐山。具体的にどこからどこまでをいうのか。明確な境界はなく、渡月橋を中心として、嵯峨野辺りまでを指すのが一般的だが、では、嵐山という名の山は実在しているのか。

ちゃんと存在している。が、どうも影が薄い。

標高三百八十二メートルというから、さほど高い山ではない。もとは荒樔山《あらすやま》と呼ばれていたという。アラスは界隈の古名で、大堰《おおい》川の荒洲からきているようだ。これが転訛《てんか》して嵐山となったと言われている。或いは紅葉や桜の花などが、風に舞い散る様子から嵐山となったとも伝わっている。
この近辺は、渡来民族である秦氏が切り開いた土地と伝わり、秦氏は故郷の景色に似せて、この川を開き、その時に中洲を人工的に造ったのではないかと、司馬遼太郎は推測している。
渡月橋から上流を大堰川、下流を桂川と呼び、古くより大堰川の岸辺は紅葉と桜の名所として名高かった。

——朝まだき　嵐の山の寒ければ　紅葉の錦着ぬ人ぞなき——

そう藤原公任《ふじわらのきんとう》が詠んだのは、菅原道長が大堰川に、詩、和歌、そして管弦の、三艘の舟を浮かべ、風流事を催したときのこと。遅れてやってきた公任は三艘の舟のどれに乗ろうかと、大いに迷う。さんざんあげくに選んだのは和歌の舟。乗り込んで詠んだ歌。名にし負う紅葉の名所だったことが窺い知れるが、公任は、漢詩の舟を選んでおけば、もっと名声が上がったはずだと悔やんだという。道長に舟を選べと言われたときに、すべての分野で認められているとうぬぼれてしまったと、後に述懐する。

このことから、詩、歌、管弦の三つに優れることを〈三舟の才《さんしゆう》〉と呼ぶようになった。一般には賞賛の言辞として使われているようだが、僕は褒め言葉であると同時に、慢心をいさめる語彙《ごい》としている。

三つの舟を浮かべての雅《みやび》な遊びは、平成の世でも行われていて、〈三船祭《みふね》〉と呼ばれ、五月半ば、新緑の候になると大堰川に何艘もの舟が浮かぶ。

そして桜。ここ嵐山が桜の名所として、広く知られるようになったのは、後嵯峨上皇が、吉野山の桜を移植してからのことである。後嵯峨上皇は、亀山に御所を造営した際、居ながらにして吉野の桜を眺めたいと言って、嵐山に移し植えたのが始まりとされている。

――嵐山　これも吉野や移すらん　桜にかかる滝の白糸――

そう詠んだのは後宇多院《ごうだいん》で、嵐山の桜が吉野山から移し植えられたことは、能の演目『嵐山』にも登場する。

時の帝に仕える臣下が、吉野山から嵐山に移植した桜の様子を、見てくるようにと勅命を受ける。嵐山に着いた臣下は、見事に咲き乱れる桜を目の当たりにする。

勅使は、そこで花守の老夫婦に出会う。桜の木の下を掃き清め、花に向かって礼拝する夫婦の姿を不審に思った勅使は、ふたりにその訳を尋ねる。

すると老夫婦は、ご神木である吉野の桜を移植したのだから、嵐山の桜も神木である。清め礼拝するのは当然のこと、と答える。

老夫婦が続けていわく、吉野の木守の神や、勝手の神が時折ここを訪れ、その神の力のおかげで、嵐山という猛々しい名を持つこの地でも、風で花が散らされることなく、美しく咲くのだと語る。

そして老夫婦は自分たちこそが、そのふたつの神だと明かし、夜を待つようにと勅使に告げ、雲に乗って南のほうへと飛んで行った。

さて、待ちわびた夜になると、木守の神、勝手の神が勅使の前に現れ、舞を舞う。

勅使が大いに感動して見入っていると、南のほうから芳《かぐわ》しい風が吹き、雲がたなびき、金色の輝きに包まれた仏が姿を現す。その仏こそが、吉野山中の金峯山寺《きんぷせんじ》の本尊である蔵王権現《ざおうごんげん》だった。

概ねそんな筋書きである。

嵐山の桜が吉野山由来だということを知る人は、さほど多くない。しかしながら、そう聞けば多くが納得する。

王朝貴族が紅葉を愉しみ、時代は平安から鎌倉に移り、南北朝を経て、吉野の桜が移り住むまで、ずっと嵐山には雅な風が吹き続け、それは千二百年を超えた今になっても同じ。

人はなぜ嵐山に惹かれるのか。その答えはここにある。

京都の街なかに平安の面影を見ることは難しい。度重なる戦火ですべてを焼き尽くされた京の都。今ある姿は秀吉が築いて以降の京都。

雅な影は薄く、荒ぶる戦いの跡が色濃く映る洛中に比して、ここ嵐山界隈は誰もが思い浮かべる平安の都を今に残している。それこそが、嵐山に人波が絶えない所以だろう。

そんな嵐山で温泉を掘削するという試みがなされ、見事に温泉を掘り当てることができた。嵐山温泉の誕生である。

雅な京のイメージと温泉。それがどれほどの相乗効果を生むのか。僕にはよく分からない。温泉旅館と嵐山はミスマッチなようにも思わなくもないが、ほっこり和める足湯が駅に設えられたことは嬉しい限り。嵐電沿い歩きで疲れた足を休めるには恰好の設備。

嵐電の〈嵐山〉駅。ホーム上に足湯が設けられている。駅の足湯。著名な温泉地では珍しいことではないが、それが名勝嵐山となれば話は別だ。ホームに入ってくる電車を見ながら足湯に浸かる。思いがけず、気持ちが豊かになる。タオル込で二百円という料金も実に真っ当で、嵐山、嵯峨野界隈を散策し、歩き疲れた足を休めるのに恰好の足湯。加えて、〈嵐電1日フリーきっぷ〉があれば、割引価格で利用できるからありがたい。嵐山と温泉を合わせるに、これほどに似合うものはないだろうと思う。

雅な平安のイメージを壊すことなく、景勝地嵐山に新たな魅力を加える温泉なら、これくらいがちょうどいい。高級旅館の部屋付き露天風呂などは、嵐山という地にそぐわない気がする。

夏でも冬でも、ちょうどいい湯温に保たれている。さほど広くないスペースに腰を並べて、膝《ひざ》から下を湯に浸す。知らないどうしが言葉を交わし、縁を結ぶ。これぞ湯の効用である。

湯にも神さまがおわすなら、きっとこの足湯のために涌き出たのではないか。そう思うほどに、嵐山駅と足湯は似合っている。

そしてもうひとつ。嵐山と切っても切れないのが桜餅。

普通は春のシーズンだけに供される桜餅が、ここ嵐山では通年作られていて、いつ訪れても食べられる。

桜餅というのも不思議な和菓子で、東と西でその有り様が少し異なっている。塩漬けにした桜葉を巻いて仕上げるのは同じだが、餡を包む生地が違う。

関東では小麦粉などの生地を焼いた皮で餡を巻いた、クレープ風が主流。享保二年、隅田川沿いにある長命寺の門番が、桜の落葉掃除に悩まされ、ふと思いついて桜の葉を塩漬けにして、薄い皮に餡を包んだものに巻いて売り出したのが始まり。「長命寺餅」と呼ばれている。つるんとした滑らかな生地を桜葉が包み、その中に漉《こ》し餡《あん》が入っている。それが東の桜餅。

一方、関西では道明寺粉を生地にして餡を包んだものが一般的で、粒の立った生地が桜餅のイメージとなった。赤飯おこわをも思わせるようなつぶつぶの生地あってこその桜餅。

菓子ひとつとっても、これほどに異なるのが日本の食文化の多様性であり、かつ、しい。
おもしろさでもある。そして、同じ京都であっても、店によって少しずつ違うのも愉しい。

嵐山界隈には、多くの和菓子屋があり、それぞれ個性的な菓子を作っている。当然のことながら、同じ桜餅であっても、店によって味も姿も微妙に異なる。

それぞれに好みの店を持つのが、京都人の倣《なら》いだが、僕のひいきは「米満軒《よねまんけん》」。店は、通称〈嵯峨釈迦堂〉、正式名称「清凉寺《せいりょうじ》」のすぐ近く。

無論、桜餅専門店ではなく、季節の上生菓子も扱う店だが、一番人気はやはり桜餅。

なめらかな漉し餡といい、道明寺粉を使った餅皮といい、実に上品な味わいで、噛みしめるうち、じわじわと幸福感に包まれる。そしてこの店の桜餅を、より一層魅力的にしているのが、菓子を包む桜の葉。

伊豆松崎に自生する大島桜の葉にこだわり、それを丁寧に塩漬けした桜葉。ほんのりとした淡い香りが、絶妙のアクセントとなり、桜餅の甘さをふわりと包み込む。手触り、食感、味わい、それらすべてが織り成す菓子に、だれもがしあわせを感じるに違いない。

第五章

「洛南」でしあわせを祈る

「伏見稲荷大社」で〈膝松さん〉に祈る 門前町で〈辻占煎餅〉を買う

近ごろ都で目立つもの。それは外国人観光客の姿。名の知れた観光地はもちろん、路地裏の隠れ名所から、立ち飲み居酒屋まで、どこに行っても外国人が居る。昔から欧米人はよく見かけたが、最近目につくのは中国人観光客。声が大きいこともあって、その存在感は際立っている。

そしてその外国人観光客の人気を一身に集めているのが「伏見稲荷大社《ふしみいなりたいしゃ》」。全国に三万社以上もあるといわれる稲荷神社の総本宮。

正月三箇日。「伏見稲荷大社」は初詣の参拝客が引きも切らず、全国屈指の初詣客を集める。その多くの願いは商売繁盛。今ではお稲荷さんといえば、商売繁盛の神さまとして知られるが、元をただせば農耕の神さまだった。

古く京都には、渡来系の豪族と称される秦一族が、その勢力を誇っていて、伏見一帯にも一族の住処があった。

そのうちのひとり、秦公伊呂具《はたのきみいろぐ》が富裕に慢心し、餅を的にして矢を射たところ、その餅が白鳥となって稲荷山に飛び、峰に降り立つと、そこに稲が生えたという。

驚いた秦公伊呂具は、そこに社を祀り、〈稲生り〉から〈稲荷〉と名付けたという
その子孫たちは先祖の非を悔いて、その社の木を抜いて家に植え寿命長久を祈った。

これが杉の木だったことから、これを〈験《しるし》の杉〉と呼んで稲荷社の象徴となり、今も参拝客に授与されている。

そんな由来を知ってか知らずか、多くの観光客が鳥居をくぐり、弥栄《いやさか》を願って手を合わせている。

そして外国人観光客のお目当ては、本殿の脇道から稲荷山へと続く参道に連なる〈千本鳥居〉。幾重にも連なる朱の鳥居をくぐれば、顔までもが朱に染まり、ファンタスティック、という言葉があちこちから聞こえて来る。

「伏見稲荷大社」は背後に控える稲荷山すべてがご神体であるとも伝わり、二万本あるとも言われる鳥居をくぐり、峰を上ったり下ったりしながら、幾つもの社を順に参拝するのが仕来《しきた》りとなっていて、これを〈お山巡り〉と呼んでいる。

稲荷山には多くの神さまが祀られていて、巡るだけでもしあわせ気分に浸れるが、中でも是非ともお参りしたいのが〈膝松《ひざまつ》さん〉。

〈奥社奉拝所〉から少し左へ入った辺りに、赤い布が巻かれた松の木が見えて来る。松は既に枯れていて、周りをセメントで固められているが、根の横から二股に分かれた根が伸びている。何とも不思議な形だが、この二股の根をくぐると、足腰の病が癒《い》えると伝わっている。

二本の根が膝に見えるので〈膝松さん〉。その膝らしきところをくぐれば、足腰に効く。祈りの対象はいつもそうであるように、発想が単純なほど霊験あらたかなような気がする。

更には、この二股の根が上っているように見えることから、〈根上がりの松〉の別名を持ち、根を値と読み替えて、値上がりのご利益があるとも言われている。株が上がる、給料が上がる、売り上げが上がる、などなど。商売繁盛をも超えて、収入が上がるに繋がることから、熱心に祈りを捧げる参拝客の姿が絶えない。

本来、神社や神さまを参拝するのは、ご利益を求めるためではなく、無事に過ごせていることに礼を述べるためだと言われるが、人は皆そんなに強いものではなく、ついつい神さまを頼りにし、頼みの綱とするものだ。

誰しもが収入は少ないより多いほうを好み、給料や売り上げが上がるに越したことはない。しっかり祈っておきたい。

ところで、稲荷神社にはキツネが付きもので、当社でも狛犬ならぬ狛狐がしっかりと門前を守っている。これは稲荷神社が農耕の神さまであることに由来し、稲は元より、田畑の農作物を食い荒らすネズミをキツネが捕食してくれるからである。

伏見稲荷大社

伝説や童話などに登場するキツネは、最初は人を化かしたりして悪さをするが、やがて改心し、人の役に立つような振る舞いをするようになる。そんな筋書が大半で、もしくは哀れな末路を辿り、その死を悼まれる、といった話。いずれにせよ、キツネは親しみを持って描かれ、それも稲荷信仰と無縁ではあるまい。農耕民族にとって、収穫の妨げとなるものを退治してくれるキツネは、友人のようなものである。

手助けしてくれた礼にと、油揚げを供える。うどんや寿司など、キツネと油揚げは対として扱われる。これには少しくおもしろい話が残されている。

稲荷信仰がまだ浅いころ。田を荒らすネズミをキツネが退治してくれたのを見た村人は、自分たちにとって最上級のご馳走である豆腐をキツネの前に置いた。キツネはしかし匂いだけ嗅《か》いで、口にすることなく去って行った。

この話を伝え聞いた村の長老が、肉食性のキツネには油の香りを付けた油揚げを供えねばならぬと進言し、村人がそれに従うと、キツネは油揚げに食らいついたという。生物学的には疑問符が付く話だろうが、平成の今日になっても、油揚げで包んだ寿司を、いなり寿司というのだから、言い伝えは強力である。

農耕の敵といってもうひとつ、忘れてならないのが雀。田圃《たんぼ》の中で愛嬌《あいきょう》を振りまいているように見える案山子《かかし》は、雀を近づけないために立っている。生育した稲を食い荒らすのだから、ある意味でネズミよりタチが悪い。が、どうやら好みではないと見えて、キツネが雀を捕食する姿を見かけることはない。

ならば我ら人間がやっつけるしかない。となり、門前の茶店では焼き鳥と言いながら、鶏肉ではなく、雀を串に刺して焼いている。羽を広げた姿のまま焼かれるので、抵抗を示す向きもあるが、骨ごとバリバリと噛めば、鶏肉にはない野味が味わえ、かつ農耕の助けにもなるのだから、食べない手はない。

門前の店でもうひとつ目につくのが、キツネの顔を象った煎餅。胡麻と砂糖、白味噌を小麦粉に混ぜ、一枚ずつ手焼きするという、如何にも京都らしい菓子。ほんのりとした白味噌の甘みと、胡麻の香ばしさが一体となり、パリッと嚙んだときに、その風味が口いっぱいに広がる。

〈いなり煎餅〉と呼ばれるそれは、

同じ味わいながら、鈴の形をした〈辻占《つじうら》煎餅〉にはおみくじが入っていて、いわばフォーチュンクッキー。煎餅を食べ終えた後の運試し。ひとつの菓子で二度愉しめるという寸法。しあわせを願うだけでなく、占うこともできるお稲荷さん。何度訪ねてもその愉しみは尽きることがない。

「西本願寺」の唐門で麒麟を探す お堂の廊下で〈ハート〉を見つける

京都駅に降り立って、烏丸通を少しばかり北に歩き、七条通を越えると「東本願寺」の大きな伽藍《がらん》が目に入って来る。多くの京都人は親しみを込めて〈おひがしさん〉と呼ぶ。

そしてここより西。堀川通沿いに建つのが「西本願寺」。〈おにしさん〉と呼ぶ人もいるだろうが、語呂が悪いこともあって、少し長いが〈にしほんがんじさん〉と呼ぶ向きも少なくない。

本願寺がふたつあることは、ここに長く暮らす都人にとっては、何ほども不思議はないが、旅人の目には不思議に映ることもあるようで、どちらが本物か、などという無粋なお尋ねを受けることもある。

ふたつの本願寺。その元を辿れば三人の天下人に行き着く。

蓮如《れんにょ》によって造営された〈山科《やましな》本願寺〉は天文法華《てんぶんほっけ》の乱によって焼け落ちてしまう。その後、一向宗の中心は大坂にある〈石山本願寺〉へと移る。

一向宗の勢力拡大を危惧する織田信長は、元亀《げんき》元年、突如として〈石山本願寺〉を攻め、長い戦いを始める。

十年を超える戦いの結果、時の門主顕如《けんにょ》は抗争に敗れ、〈石山本願寺〉を明け渡すことになり、ここで日本中を揺るがした一向一揆は幕を閉じた。

信長との和議を結んだ顕如は、長男の教如《きょうにょ》に後を託し、雑賀《さいか》へと向かう。最後まで抵抗を続けていた教如がやむなく退去した直後、堂舎から火を出し、すべてが灰燼《かいじん》に帰してしまう。これは教如による放火ではないかとの説もあるが、定かではない。

その跡地に豊臣秀吉が建てたのが、今の大阪城である。そして秀吉は信長の死後、顕如を雑賀から呼び戻し、堀川六条界隈に土地を与えて〈本願寺〉を再興させる。これが現在の「西本願寺」の基となる。安土桃山時代半ばのことである。

その後江戸時代に入って、関ヶ原の合戦から二年経ったころ、徳川家康は烏丸七条近辺の土地を教如に与え、伏見城の遺構を寄進し、阿弥陀堂を建立させる。これが今の「東本願寺」の基となった。

つまりは信長の遺志を継いだ秀吉が「西本願寺」を、何かにつけ秀吉と対立していた家康が「東本願寺」を造ったようなものである。

天下人の対立が寺を二分する。同じ六条界隈で、わずかに距離を隔てて居並ぶふたつの寺。四百年を経てもなお、ひとつになることはない。

興味深いのは、「西本願寺」が世界遺産に指定されているのに対し、「東本願寺」は指定されていないこと。これには様々な理由が取り沙汰され、かまびすしい限りだが、その有り様を見比べれば、何となく分かるような気もする。

たとえばその門構え。烏丸通に面した「東本願寺」の〈阿弥陀堂門〉。重厚な造りではあるものの、装飾も少なく、淡白な印象を受ける。それに対して「西本願寺」の〈阿弥陀堂門〉はといえば、万事に派手好みの秀吉らしく、優美な曲線と金色の装飾が目を引き、安土桃山文化の絢爛《けんらん》さを今に伝えている。

西本願寺の唐門

見どころの多い「西本願寺」。先ずは国宝にも指定されている〈唐門《からもん》〉をつぶさに観てみる。

寺の南側、北小路通にあって、国宝ながらいつでも気軽に観られるのがありがたい。柵こそあるものの、すぐ前まで近寄ってじっくりと拝観できる。

秀吉が伏見城から移築したという〈唐門〉は以前は〈御影堂《ごえいどう》〉の前にあったものを現在地に移したそうだ。別名を〈日暮らし門〉と呼ぶだけあって、絢爛豪華な細工を施した門は見飽きることがない。国宝をここまで間近に観る機会など、そうそうあるものではない。上から下まで、右から左まで、つぶさに観てみよう。

扉には十六面の一木造りによる唐獅子の彫り物が躍る。そして上方の梁の間には、内側に向かい合う不思議な動物が彫られている。形は鹿に似ていて、顔は龍と同じようで、馬にも見えなくはない。はて、どこかで見たような。

これは麒麟《きりん》と呼ばれる伝説上の生き物である。鳥類の長《おさ》が鳳凰なら、獣類の長は麒麟。そういわれるほど神聖な幻の動物。麒麟ビールの商標を決める際には、この唐門の麒麟を参考にしたという。道理で見覚えがあるはずだ。麒麟は千年生きると伝わるから、長寿というしあわせに繋がる。

しあわせ探し。つぶさに観るだけでなく、足元もしっかり観ることが大事だ。しあわせは足元にある。禅語には〈看脚下《かんきやっか》〉という言葉があるくらいだ。天から降って来ることもあるかもしれないが、意外と足元に潜んでいるのが、しあわせというもの。

〈唐門〉を観終えたら、境内に入る。左に〈御影堂〉、右に〈阿弥陀堂〉。廊下で結ばれたお堂は、どちらも堂々たる構え。

左手〈御影堂〉の手前に設けられた向拝の両側に、屋根からの雨水を受けるために大きな石が置かれている。その足元をよく観てみよう。

必死で踏ん張っている小さな石像。これが世に言う天邪鬼《あまのじゃく》。他に逆らったり、気まぐれなことを天邪鬼というが、本物の天邪鬼はかくも健気《けなげ》なのかと思うほど、必死の形相《ぎょうそう》で柱を支えている。全部で八体あり、動作も表情も異なるので、見比べると愉しい。仏教において天邪鬼は、人間の煩悩の象徴とされ、その数は百八つとされるが、そのうちの八つということなのだろうか。煩悩に悩まされない人間など居ない。天邪鬼がそう言ってくれているように見える。

宗祖である親鸞《しんらん》聖人の木像を安置するお堂〈御影堂〉は、十年もの歳月をかけた大改修を平成二十年に終え、威容を誇る巨大な木造建築を、再び目の当たりにできるようになった。

その奥には〈書院〉、左手前には〈滴翠園《てきすいえん》〉と〈飛雲閣《ひうんかく》〉があり、どちらも多くの見どころがあるが、まずは〈御影堂〉。

お堂に入ると、その広さに圧倒される。天井は驚くほど高く、太い柱、凝った細工の施された虹梁《こうりょう》が印象的な空間である。その虹梁を見上げながら、広縁から渡廊下伝いに〈阿弥陀堂〉へ。と、ここで看脚下。

廊下のあちこちに、動植物や物を象った埋め木がある。鹿、もみじ、瓢簞《ひょうたん》、壺、富士山、傘、梅などなど。参拝客の心を和ませようとした、大工の遊び心が愉しい。

行き交う人々の多くは気にもかけない床。そこにも仏さまの心が表れているように思える。

足元を見つめなおす。その教えに添えば、ハートだって見つかる。見つかればきっと、しあわせになる。

「ダイワロイネットホテル八条口」の部屋から五重塔を眺める
「東寺」の強運にあやかる
「東寺」の〈三面大黒天〉のお札を授かる

京都という街を象徴する絵柄として五重塔がある。舞妓、大文字と並んで、この絵が描かれていれば京都、そう思わせるもの。

では京都の街にいくつ五重塔があるかといえば四つ。桜で知られる「醍醐寺《だいごじ》」、八坂の塔と呼ばれる「法観寺《ほうかんじ》」、御室《おむろ》の「仁和寺」と「東寺」。このうち、もっともよく知られているのが「東寺」。正式名称を「教王護国寺《きょうおうごこくじ》」という。

「東寺」の五重塔は江戸時代に建てられたもので、「醍醐寺」のそれが平安時代の作と呼ばれるから、いわば新参者である。年季の入り方としては「醍醐寺」には敵《かな》わない。にもかかわらず、京都の五重塔といえば「東寺」。「東寺」といえば五重塔と呼ばれるのは、その場所に拠るところが大きい。

京都のシンボルともなった五重塔は、四度の焼失を乗り越え、今の塔で五代目になる。たとえば京都をテーマにした旅番組や、京都ミステリーなどのテレビ番組では、必ずといっていいほど、冒頭には「東寺」の五重塔をバックにして新幹線が走る映像が流される。それを見た視聴者は、これから京都が紹介されるのだとすぐに理解する。

新幹線と五重塔。無関係なようでいて、実は密接な繋がりがある。

というのも東海道新幹線は、昔で言えば東海道五十三次のようなもので、京都へと辿る道筋にあたる。近江の国、大津の宿からひと山越えれば京の街。かつては逢坂山《おうさかやま》を越えて三条だったが、今の新幹線は東山トンネルを抜けて八条へと辿る。

東海道五十三次のころなら、三条大橋が見えて、京の街へ来たという実感があっただろうが、今はそれが「東寺」の五重塔に変わった。八条通と「東寺」のある九条通は近い。西から上りの新幹線で京都に向かえば、「東寺」の五重塔が見えれば間もなく京都。東からの下りだと、京都駅を出た直後に五重塔が見える。

京都人なら、ああ京都に帰って来たな、となり、旅人なら、ようやく京都に着いた、となる。そしてもうひとつ、大きなポイントは新幹線口が八条口側だということ。

在来線の方は烏丸口。すなわち塩小路《しおこうじ》通に面していて、駅の正面は北に向いている。一方で新幹線側の八条口は、その名の通り、八条通に面していて、南を向く恰好になる。「東寺」への入口は八条通にもあって、そこまで京都駅からは八百メートルほどの近さなのだ。

つまりは東海道新幹線の出現によって、京都駅が南にも開かれ、距離的にも視覚的にも「東寺」が近くなったことで、五重塔が京都のシンボルになったというわけだ。

駅を出て八条通を西へ。堀川通を越えて、更に大宮通を西に渡るとやがて、左手南側に「東寺」へと続く細道がある。

広い境内に入ってしばらく歩くと五重塔が見えて来る。初めて観ると、その高さに誰もが圧倒される。およその高さは五十五メートル。高層ビルに喩えれば十五階建てを軽く超えるだろう高さ。近付くにしたがって、その威容が迫ってくる。

だがしかし、近付けば近付くほど、抱いていたイメージから遠ざかっていくことに気づく。

たとえば東京タワー。或いは東京スカイツリー。どちらも間近で見るのと、少し離れたところから眺めるのとでは、随分とイメージが違う。程よき距離感というものがあるのが、塔屋の常。五重塔も同じくなのである。

開業直後、長い待ち時間を経て東京スカイツリーに昇った客いわく、スカイツリーが見えなくてつまらなかった。分かる気がする。

新幹線と五重塔は、概ね八百メートルほどの距離を隔てているが、これよりも少し離れて一キロくらいからの眺めがベストだろうと思う。周りを歩き、周辺のビルからの眺めを繰り返した結果の答えだから間違ってはいないと思う。

そしてもうひとつ大事なのは、五重塔を囲む景色。背後に遠山があり、周囲は甍《いらか》の屋根が並ぶ。その中にぽつんと五重塔が建つ。加えてそれを観る側の高さ。

新幹線の車窓と同じか、もしくはそれより少し高い位置から観る五重塔が理想である。

そんな理想的な場所がはたしてあるのか。と、それを僕は偶然見つけてしまった。

原稿を書くために籠《こ》もるホテルの部屋。その窓からの眺めがまさに、僕が理想とする五重塔の姿だった。

「ダイワロイネットホテル京都八条口」がそれ。西側の五階以上の客室。できれば、廊下の中ほどがいい。お奨めは最上階である七階。

遠くに西山が連なり、烏丸通を挟んで向かい側には甍が並ぶ。ところどころにマンションや小さなビルもあるが、さほど気にならない。一キロほど離れたところに建つ

ダイワロイネットホテル京都八条口から見る東寺の五重塔

「東寺」の五重塔がくっきりと見える。その姿はまさに誰もが五重塔に持つイメージと同じ。

シングルタイプの客室は窓側にロングデスクが設置され、つまりはチェアーに腰掛ければ、目の前に理想的な五重塔が浮かんで見えるのだ。ゆっくり腰掛け、誰気遣うことなく、飽かず五重塔を眺める。なんともしあわせな時間。

仕事柄、京都市内のホテルを泊まり歩いたが、「東寺」の五重塔を部屋から眺められる宿は滅多にない。ましてや、こんなふうに真正面から、しかも理想的な姿で望めるホテルは皆無に近い。

そして気が向いたら「東寺」へ足を運ぶにもこのホテルは恰好のロケーション。

ホテルの北側の通りはその名も東寺道。ホテルの前から真っ直ぐ西に歩けば「東寺」に行き着く。迎えてくれるのは、重文にも指定されている〈慶《けい》賀《が》門《もん》〉。天皇の勅使が出入りするとされる、おめでたい門だというから、しあわせの証。

更なるしあわせは「東寺」そのものにも潜んでいる。

「東寺」があれば「西寺《さいじ》」があってもいいはずだが、今その名の寺はない。しかし、かつては、ちゃんと「西寺」があり、一時は「東寺」を超える隆盛ぶりだった。しかしその徴は「東寺」より西にある〈西寺跡〉にわずかに残されるのみ。

「西寺」はなぜ滅びたか。物理的に焼失したのでもあるが、それより以前、「西寺」対「東寺」という図式で行われた雨乞い対決で、「西寺」側が敗れたことが衰退の一因になった。「西寺」は守敏僧都《しゅびんそうず》、「東寺」は弘法大師空海。時の天皇の依頼で、ふたりが雨乞いを行い、空海の勝利に終わった。ここから「西寺」は滅亡へと進む。

「東寺」は勝者として、平安時代からずっと今の場所に建っている。その強運は必ずしあわせへと繋がる。そしてその象徴としての五重塔は、しあわせのシンボルとして、京都を代表する景観を生み出している。

更にこの「東寺」には、洛北の章で紹介した〈三面大黒天〉がおわしますのである。これは僕も最近になって知ったことで、ガイドブックなどを見ても、「東寺」の中の〈大黒堂〉はほとんど登場しない。

「東寺」の正門ともいえる〈南大門〉をくぐると、左側に〈修行大師像〉が建っている。その隣にあるのが〈鎮守八幡宮〉。

南北朝のころ、足利尊氏は「東寺」に陣を置いて戦っていたが、そのときこの〈鎮守八幡宮〉から神矢が飛び立ち、戦いに勝利したという。爾来、足利幕府は東寺を保護するようになったと伝わっている。縁起のいい社である。

東寺の三面大黒天

さらにその隣には〈灌頂院《かんじょういん》〉が建っている。

ここ〈灌頂院〉では毎年正月に、秘伝を伝授し、阿闍梨《あじゃり》の職位を授ける儀式である〈伝法灌頂〉が行われるという。厳《おごそ》かな場所である。

〈灌頂院〉から北に歩くと、〈西院〉と呼ばれるエリアの入口がある。〈大黒堂〉があるのはこの〈西院〉エリア。〈毘沙門堂〉〈御影堂〉と続き、〈西院〉の中でもっとも西に位置しているのが〈大黒堂〉。

このお堂の中に安置されている〈三面大黒天〉像は秘仏とされ、その姿を拝することはできないが、なんと弘法大師が自ら刻んだ像だという。

その大師作の〈三面大黒天〉像。実物を観ることは叶わないが、それが描かれたお札を授かることはできる。

僕はこのお札をクリアケースに入れて持ち歩いている。常に守り神が傍らにいてくれることは頼もしくもありがたいことなのである。

「金札宮」で招福小判を授かる「大黒寺」で〈金運清水〉をいただく

金。この言葉には魔力ともいえそうな力が潜んでいる。金を〈きん〉と読めばゴールドを表し、貴金属のトップ、或いは頂点をも表す。

言うまでもなくオリンピックをはじめとした競技で、頂点を極めた者にはゴールドメダルが授けられ、これを獲得するために、アスリートたちは力を尽くし、他者と競い合う。

「銀ではダメ、金でなければ意味がない」

かつて、そう言い放ったシルバーメダリストがいた。

それほどに多くが憧れる金は、〈かね〉と読むことでマネーとなり、これもまた、強大な魔力を持つ。

金持ち、という言葉は多くが憧れを持って語られるが、ときには揶揄《やゆ》、蔑《さげす》みの意を含んだりもする。金はないよりは、あるに越したことはないが、金銭絡みのトラブルも少なくなく、金の切れ目が縁の切れ目、なども言われ、なかなかに扱いが難しい。

それでもやはり、誰もが大金を切望し、巨額の当選金を目当てに、ジャンボ宝くじの発売日には売り場に長い列ができる。

一攫千金を狙う人々が頼るのは、金運をご利益とする神さま。

宝くじの当選祈願でよく知られるのは、佐賀県唐津市の沖合に浮かぶ高島。ここに建つ「宝当《ほうとう》神社」はその名のとおり、お願いすれば宝くじが当たると言われ、それを目当ての参拝客が引きも切らない。事実そのご利益はあるとみえて、当選者からの礼状が堂内にぎっしりと貼られている。

京都で金運を、と願うなら是非訪ねたいのが「金札宮《きんさつぐう》」。地元以外では、ほとんどその存在を知られていないが、神社の名が示すとおり、その霊験はあらたかだと言われている。

洛中からは少し離れた伏見にあって、最寄りの駅は〈丹波橋《たんばばし》〉。近鉄と京阪の両線が駅を並べ、近鉄なら京都駅から十分ほどで丹波橋駅に着く。近鉄の京都線は市営地下鉄烏丸線からの直通もあり、三条、祇園四条に通じる京阪電車と合わせ、アクセスは悪くない。

どちらの駅からでも「金札宮」へは歩いて十分ほどで辿り着ける。

かつてこの辺りは旧市街地で、通りには丹波国へと続く橋が、運河に架かっていたことに由来する駅。つまりは陸路と水路が交わる要衝《ようしょう》の地だったというわけだ。

近鉄は奈良へ、京阪は大阪へと続く線路が隣り合う地は今も交通の要で、両駅の中こそ多くの人が行き交うが、駅から外に出れば人影もまばら。昔の街道筋を思わせる細い道筋が交差する、のんびりとした空気が漂う街。

駅を出たら、京町通を南へ歩き、下板橋通《しもいたばし》を西へと進む。ふたつ目の信号、右手に京都市立伏見中学校の校門を見て、南へと下る。と、右手に寺の山門が見え、これが「大黒寺《だいこくじ》」。目指すのは「金札宮」だが、大黒天といえば、右手に打ち出の小槌を持ち、左手に金の入った袋を担ぎ、米俵を足元に置くという福神さま。ついでに、など

大黒寺金運清水

といってはバチが当たる。まずはこちらへお参り。

ふと通りがかって入ってみた寺だが、実は由緒正しい古刹だったというのは、京都ではよくあることで、この「大黒寺」もまさしくそんな寺。

駒札によると、開基はなんと弘法大師空海。もとは〈長福寺〉といい、秀吉をはじめ、武家の信仰も篤かったと言われている。とりわけ薩摩《さつま》藩士は、島津家の守り神である〈出世大黒天〉が当寺に祀られていることから、薩摩藩の祈願所と定め、その際に「大黒寺」と改名したとされている。

本尊の聖観音菩薩立像と、出世大黒天立像は空海が安置したもので、空海の作ともいわれるが定かではない。

当然ながら秘仏とされ、その代わりとしてか、本堂前には愛らしい大黒天の石像が置かれ、これを撫でるとご利益があるといわれる。

そしてここには更なるご利益が期待できそうな井戸水が湧き出ていて、その名も

〈金運清水〉。岩の間から青竹の樋《とい》を伝って水が流れ落ちている。これをペットボトルに詰めて、向かいに建つ「金札宮」へ。

石の鳥居が立ち、石畳、灯籠、山門と続き、奥の境内へと参道が延びている。よく見ると、真っ直ぐではなく、少し斜めにずれている。神と正対するのは失礼だという考えに基づくものだろう。

境内は月極めの駐車場になっているようで、いくぶん興を削ぐが、定期的な収入に繋がることから、金運のしるしと言えなくもない。

そんな境内で、ひときわ目を引くのがクロガネモチの木。かなりの巨木で、宝暦四年（一七五四）に出版された書物の中で、神木として紹介されているそうだから、樹齢は二百六十年を超えている。

なにより縁起がいいのは、カネモチという木の名前だ。「金札宮」の境内に、カネモチと名が付くご神木がそびえ立っている。

本殿には白菊の花が供えられているが、これはかつて〈白菊井《しらぎくい》〉と呼ばれる名水があったことに由来し、更に遡れば、当社の縁起にまで行き着き、白菊を植える翁が福運をもたらしたことから、当社が興ったという。

桓武天皇が平安京を定める際、勅使のもとに、天から金札が降ってきたという話が能の謡曲にあるのだが、その〈金札〉というのは、ここ「金札宮」を舞台にした話だという。観阿弥の作といわれる謡曲の舞台。由緒正しき社の証だ。

さて、さほど広くない境内には、金刀比羅社をはじめ、恵比須社、公岡稲荷大明神などの末社が並び建っている。そしてその隅には、釣り竿を持った恵比須像が建っている。正確には座しているのだが。

大黒天の向かいに恵比須さま。好一対をなす、七福神の中のおふたりが向かい合わせにおられることなど滅多にない。これだけでも充分なのに、カネモチの木はあるは、金運清水は涌き出ているは、で、界隈は財運に恵まれた宝庫といってもいい。

そしてその決め手となるのが「金札宮」で授かる小判。

〈金札招福小判〉と書かれた包の中には、小さな小判が収められている。これを財布に入れておけば金運アップ間違いなし。

駅へと戻る道すがら、「喜運寺《きうんじ》」という名の禅寺を通りかかった。大黒、金札、喜運。なんと縁起のいい名の寺社が集まっているのだろう。まだ誰も気付いていないうちに、しあわせ求めて、是非とも参拝しておきたい。

洛南発

京都市バス二〇五系統で市内を一周する市バス一日乗車券を有効に使う

東京なら山手線。大阪なら環状線。市街地をぐるりと一周する電車が好きで、空き時間ができたら、あてもなく電車に乗って一周する。

移り変わる景色こそぼんやりと眺めるものの、とりたてて目的があるわけではない。

駅に停まる。人が降りて、また乗ってくる。発車する。見知った駅もあるが、馴染みのない駅もある。どの駅にも人が住んでいて、或いは店や会社があり、そこで暮らす人がいる。ただそれだけのことで感動したりもする。

東京も大阪も、一周がほぼ一時間なので、予定が立てやすいのも嬉しいところ。

昔は市電という名の路面電車があったのだが、今の京都にはこういう電車がないので、ときどき東京や大阪がうらやましくなる。市電が残っていてくれたらなぁ、と懐かしむことしばしば。

　と、しかし、京都市バスの循環系統なら、同じような愉しみ方ができるのではと思い立ち、乗ってみると、これが意外なほどおもしろいことが分かり、お奨めする次第。

〈九条車庫前〉 1番乗場

　京都市バスの中で循環系統は三桁の数字が番号に付いている。一〇〇番代と二〇〇番代。一番のお奨めは二〇五系統。市内の中心部をぐるりと一周する。

　始発となるのが京都駅から南に下ったところにある〈九条車庫前〉。ただ乗るだけで、途中下車せず一周するなら、始発の停留所から乗り込み、特等席を確保したい。一番乗場に一番乗り。これが必須条件。二〇五系統は、昼間の時間帯なら、長くても十分待てば次が来るので、必ず一番にバスに乗り込みたい。確保するのは一番前の右側。運転席の真後ろは、座席が一段高くなっているので、格段に見晴らしがいい。

　市内をほぼ一周して戻って来ると、概ね一時間四十分ほどかかる。時計回りと、反時計回りがあり、どちらを選んでも一乗車は二百三十円。

僕の好きなのは反時計回り。河原町通を北上し、北大路通から西大路通を通って、九条車庫前まで戻って来る。この景色の移り変わりを見ながら、平安の昔や戦国時代に思いを馳せる。地図と見比べ、名所の在り処をたしかめる。これは実に愉しい。

九条車庫前を出発した二〇五系統の反時計回りは、眼前に迫る五重塔を見ながら北へ曲り、〈東寺道《とうじみち》〉へ。そして京都駅のバスターミナルに入る。特等席でなくてもいいなら、〈京都駅前〉から乗っても、たいてい座れる。

京都市バス205系統〈東寺道〉バス停

〈京都駅前〉を出たバスは塩小路通を東に進み、河原町通を北上していく。七条、五条、四条、三条。京都を代表する繁華街である。

御池通の西北角に建つのが京都市役所。なかなかに風格のある建築である。

丸太町通を越え、〈府立医大病院前〉。その姿は見えないが、「京都御苑」はこの辺りの左側、すなわち河原町通のすぐ西側に広がっている。

今出川通を越えてすぐ、左手に長い行列が見えてくる。豆餅が人気を呼んでいる「出町ふたば」だ。

河原町通はここから賀茂川を渡り、下鴨本通へと名を変える。渡る橋は葵橋。京都三大祭のひとつ、葵祭の祭礼もこの橋を渡る。

橋を渡って右手に見えてくる緑が糺の森。「下鴨神社」へと続く自然林だ。

糺の森

下鴨本通を北上し、北大路通を西に曲がる。〈府立大学前〉から〈植物園前〉を経て、北大路橋を渡り、再び賀茂川を越える。やがてバスはビルの地下に入り、〈北大路バスターミナル〉へと辿る。ちょうどここが折り返し地点。

運転手が交代し、再び地上に出たバスは、北大路通を更に西へと進む。堀川通を越えてしばらく進むとやがて〈大徳寺前〉。禅宗の古刹「大徳寺」を右手に見ながら、ゆるやかなカーブを描きながら西へ進む。

次の停留所は〈建勲神社前〉。アナウンスでは〈けんくんじんじゃ〉と発音するが、正しくは〈たていさおじんじゃ〉。だが、多くの京都人はこの神社を〈けんくんさん〉と呼び親しんでいることから、今では神社側も〈けんくんじんじゃ〉でもよしとしているようだ。

織田信長を祀る神社は明治初期の創建。船岡山に境内を広げている。

この〈建勲神社前〉のバス停から北へ少し歩くと「今宮神社」がある。「大徳寺」「今宮神社」「建勲神社」と、古社寺が固まっているので、覚えておきたいバス停。

ここから西へ、千本通までは、かなりの上り坂。ところが千本通を越えると今度は下り坂になる。つまりは千本北大路近辺が高台になっている。なぜなのか。ちょっとした不思議だ。

敷地神社（わら天神）

北大路通をそのまま西に進むと、突き当たりになり、ほぼ直角に南に曲る。ここからは西大路通と通り名が変わる。

西大路通に入ってすぐの停留所は〈金閣寺《きんかくじ》道《みち》〉。このすぐ西に通称「金閣寺」、正式名称「鹿苑寺《ろくおんじ》」がある。京都を代表する観光寺院だけに、乗降客もひときわ多くなる。

次なるバス停は〈わら天神前〉。「わら天神」も通称で、正式には「敷地《しきち》神社」という。とは言っても多くの京都人は「わら天神」と呼び慣れているので、「敷地神社」と言っても首を傾げるのが都人の倣い。「敷地神社」は安産祈願でよく知られた神社。大きなお腹の妊婦さんをよく見かける。

次は〈衣笠校前〉。左手に長く続く土塀は、桜の名所として名高い「平野神社」。その東奥には「北野天満宮」がある。桜のころには大いに賑わう界隈。

平野神社の土塀

南に下り、西大路今出川辺りは〈北野白梅町《きたのはくばいちょう》〉とバス停の名が付いている。近辺には〈椿寺〉と称される「地蔵院」がある。また、今出川通を東に進めば「北野天満宮」の正面に出る。
次のバス停は〈大将軍《たいしょうぐん》〉。この近くにある「大将軍八神社」に由来している。
平安京を造った際、王城鎮護のため、都の乾《いぬい》の方位除け守護として造営された神社。

　当初は〈大将軍堂〉と呼ばれたといい、江戸期に入って〈大将軍社〉と名を変え、明治期になると「大将軍八神社」となった。

　本来の祭神は大将軍。大将軍は陰陽道における方位の神さまで、旅行や転居、建築などの際、方角の吉凶を司る神として崇められてきた。

円町交差点

　今出川通から南に下っていくと、やがて丸太町通に行き着く。西大路通では円町《えんまち》と呼ばれ、バス停も〈西ノ京円町〉となる。JR山陰本線（嵯峨野線）の円町駅もあり、嵯峨嵐山へも辿れる。

　丸太町通から南に下ると、次のバス停は〈太子道《たいしみち》〉。その名のとおり、聖徳太子が通ったとされる道は、この近くの旧二条通。太秦「広隆寺《こうりゅうじ》」への参詣道として利用されていたのだから、正統派の太子道。

　西大路御池、〈西大路三条〉と南下を続け、四条まで至ると、そこは西院《さいいん》と呼ばれる地。先に触れた賽の

春日神社の鳥居

河原が語源となるほど、昔は町外れの寂しい界隈だったのが、今ではそんな気配はまったく感じられない。

ここから少しばかり西に歩くと「春日神社」がある。生きた鹿こそいないものの、鹿の意匠が散りばめられ、奈良の「春日大社」を彷彿させる。

〈西大路五条〉〈西大路七条〉と、西大路通を南下したバスは、七条通を左折し、東へと向きを変える。烏丸通までは七条通を走る。

〈七条千本《ななじょうせんぼん》〉のすぐ北には、京都人の台所、京都中央卸売市場第一市場がある。

続くバス停は〈梅小路《うめこうじ》公園前〉。ここには「梅小路蒸気機関車館」があったのだが、平成二十七年夏に閉館した。その跡にできるのが「京都鉄道博物館」。鉄道マニアの聖地になりそうで、平成二十八年の春の開館が待たれるところ。

〈七条大宮・京都水族館前〉は「京都水族館」の最寄りの停留所。休日には家族連れで大いに賑わうバス停。

〈七条《ななじょう》西洞院《にしのとういん》〉は「西本願寺」、〈烏丸七条〉は「東本願寺」の、それぞれ最寄り停留所。ここから〈京都駅前〉を経て、〈九条車庫前〉へと戻る。道が空いているときでも一時間四十分ばかり、混雑時には二時間かかるときもあるが、新旧の京都名所をぐるりと回って二百三十円は安い。

碁盤の目になって、比較的分かりやすいと言われる京都だが、その位置関係や方角を、自分の目でたしかめ、実感するという意味で、この二〇五系統をはじめとする、市内循環バスは京都旅のプランに必ず加えておきたい。

京都中央卸売市場第一市場

ただ乗っているだけでなく、途中下車して、名所見物するなら、市バスの一日乗車券を購入する。わずかに五百円だ。これ一枚あれば、京都市バスはもちろん、京都バスの均一運賃区間内なら、一日中何回でもバスに乗れる。下世話な物言いになるが、均一運賃区間内で三回乗れば元が取れる。中心部は当然のこと、嵯峨嵐山方面も均一区間なので、大方の観光名所は回れる。

たとえば一日かけるつもりで、二〇五系統の市バス沿線を回るのも愉しい。一日乗車券があれば、気が向いたバス停で降り、名所観光をして、また元のバス停に戻って、或いは次のバス停から、同じ二〇五系統に乗れば、道に迷うこともなく、アクセスを探す必要もない。

京都水族館

二〇〇番台の循環バスは二〇一から始まり、二〇八まで八つの路線があり、それらを乗りこなせば、たいていの名所は回れる。地図と見比べて、幾つかの系統を組み合わせてコースを組むのもおもしろい。

ひとつだけ難敵がいて、それは交通渋滞。春秋に代表される京都の観光シーズンは要注意である。どの通りもさほど広くないので、ちょっとした混雑でも、思いがけないほど時間を要するのが京都のバスの最大の弱点。

だが、少し時期をずらせば、快適なバスドライブとなることは必定で、特に近年の京都のバスは定時運行を目指しているから、だいたいの時間は読める。

世界遺産をはじめ、多くの名所が点在する京都。その市街地をぐるりと回るバスの旅。のんびりと走るバスに揺られれば、ほんわかとしあわせな気分になれる。

おわりに

京都には、《しあわせ》が溢れている。歩いてみての実感である。

長い歴史に育まれてきた《しあわせ》の痕跡もあれば、これから実を結びそうな、《しあわせ》の種もある。

それを見つけることができれば、京都を旅する甲斐があるというものだ。

しかしながら、それは見つける、というより、気づく、という言葉を使ったほうが正しいのかもしれない。

今そこにある、《しあわせ》の種。誰にでも分かるような姿で佇んでいたりはしない。

京都のそこかしこに潜んでいる《しあわせ》を並べてみた。

北から南まで。地域も四方八方に散らばっていれば、その内容もさまざま。どれかひとつに絞ってもいいいし、順に訪ね歩くのもいい。

当然のことながら、最も多いのは神社仏閣の類《たぐい》だろうか。

人によっては、これらをパワースポットと呼び、何かしらの力を授かろうとして、訪ねることが多いと聞く。

あまりに一般化してきたので、たまには僕もこの言葉を使うこともあるが、基本的には、パワースポットと呼ぶことを忌み嫌っている。

その理由のひとつは、目に見えない力に対して、無条件に頼りきる姿勢、すがるような心がけに陥りがちなことである。

とりわけ、パワーという言葉がくせ者で、その地に立てば誰でもが力を分け与えてもらえると錯覚させてしまう。

最もよく知られるのは「鞍馬寺」だろうか。

本殿の前の石の中心が、京都最強のパワースポット、などと書かれた書物もあるのだが、何をもってして最強、と言いきるのか。僕にはどうも分からない。

更に言えば、パワーという言葉を使うから、強さを比べようとしてしまうのである。

パワースポットと、《しあわせ》歩きが、根本から異なるのはここである。

本書で書いた《しあわせ》に、強弱もなければ、無条件に授かれるものでもない。その成り立ちを知り、そこに心を寄せることで得られる《しあわせ》。つまりは、心の持ちようによる、のだ。

あるいは、縁起を担ぐのも本書にあって、パワースポットの本にないものである。たわいもないと言ってしまえば、それまでのことだが、何かにつけてゲンを担ぐのが京都人。そこにはしかし、何かしらの理由があったりするのだ。

たとえば「本家尾張屋」の〈宝来そば〉などが典型で、宝がやってくる、という縁起のいい食べものだが、その裏には、尾張の国から都へ出てきて、約五百五十年を超えて、商いを続けてこられることに、あやかる意味も含まれている。

そしてそれは、平成の世になって、地方から京都に出てきて、いとも容易《たやす》く〈京〉の一字を店名に冠し、出自を表すことなく、いかにも京都の店らしく振る舞うことへのアンチテーゼでもある。

美味しい蕎麦を食べて、長寿にあやかることができれば、何もいうことはない。

京都において、《しあわせ》探しは、本物探しでもある。

俄《にわ》かなモノや店では、決して得ることのできない《しあわせ》。

思いがけない喜び。誰も気づかなかった風景なども、《しあわせ》に数えた。「ダイワロイネットホテル京都八条口」の客室から、「東寺」の五重塔が正面に見えること、などがそれである。

京都という街を象徴する眺めとして、「清水寺」の舞台と共に、「東寺」の五重塔が挙げられる。

どちらも、一瞬それを見ただけで、そこが京都だと誰にでも分かる風景。

しかしながら、ではそれを、どこから眺められるかと考えて、なかなか思いつかない。すぐ近くから見上げることはできても、遠景として、京都の街並みに溶け込む五重塔を見られる場所は、ごく限られている。

しかもそれがホテルの客室となれば、はたして何軒あるだろうか。

このホテルに泊まって、その光景を見たとき、どれほど嬉しかったか。

実はこれは、とても《しあわせ》なことなのだ、と、しばらく経って気づいた。そして、その気づきをおすそ分けしたいと思った。

きわめて個人的な気づきながら、きっとそれは誰もが感じてもらえるだろう《しあわせ》に結びつく。そんなことやモノも、幾つかご紹介した。

そして、本書の最大の目玉というべき《しあわせ》は、「見つけモノ」である。偶然見つけた《しあわせ》の種。

「西本願寺」の廊下を歩いていて、たまさか見つけた〈ハート形〉。最初はそう見えるだけなのだろうと思ったが、足元に気を付けて歩くうち、さまざまな形が見つかり、偶然の産物ではないことが分かった。まさに〈看脚下〉。

伏見で洋食屋を探し歩くうち、偶然〈大黒天〉に出合い、その向かいに〈金札宮〉なる名を見つけたときの喜びも小さくはなかった。

《しあわせ》は向こうから、やってくることはない。歩いて出向くことで見つかったり、授かったりするもの。本書を携えて、京の街を歩いてみよう。きっと自分だけの《しあわせ》が見つかるに違いない。

巻末ＭＡＰ＆紹介寺社・旧跡・店舗リスト

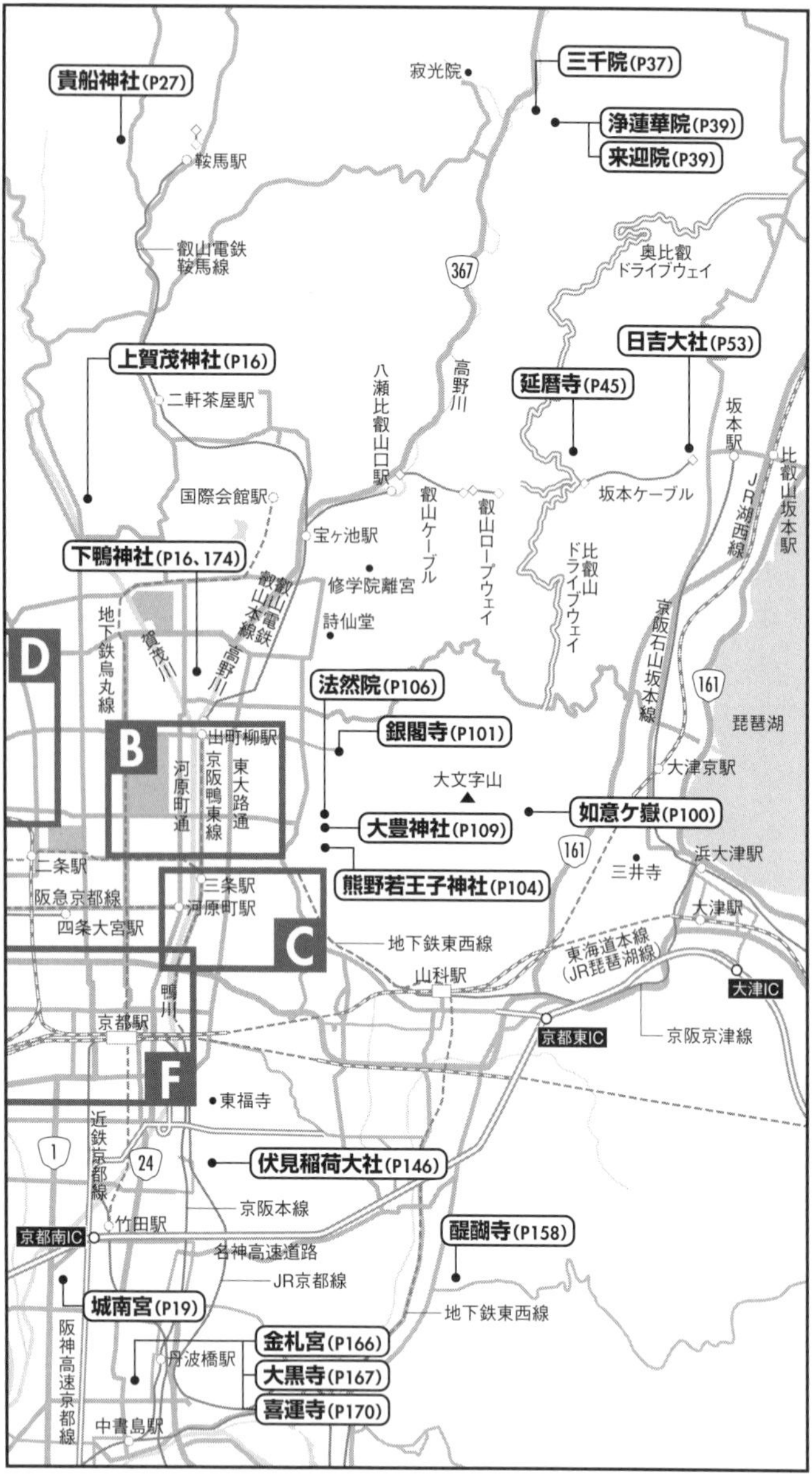

貴船神社(P27)
鞍馬駅
叡山電鉄
鞍馬線
寂光院
三千院(P37)
浄蓮華院(P39)
来迎院(P39)
367
奥比叡
ドライブウェイ
上賀茂神社(P16)
二軒茶屋駅
八瀬比叡山口駅
高野川
日吉大社(P53)
延暦寺(P45)
坂本駅
比叡山坂本駅
JR湖西線
国際会館駅
叡山ケーブル
叡山ロープウェイ
坂本ケーブル
宝ヶ池駅
比叡山
ドライブウェイ
下鴨神社(P16、174)
修学院離宮
叡山電鉄
叡山本線
地下鉄烏丸線
詩仙堂
賀茂川
高野川
京阪石山坂本線
D
法然院(P106)
161
B
出町柳駅
銀閣寺(P101)
琵琶湖
河原町通
京阪鴨東線
東大路通
大文字山
大津京駅
如意ケ嶽(P100)
大豊神社(P109)
161
二条駅
熊野若王子神社(P104)
三井寺
浜大津駅
三条駅
阪急京都線
河原町駅
大津駅
四条大宮駅
C
地下鉄東西線
東海道本線
(JR琵琶湖線)
山科駅
大津IC
鴨川
京都駅
京都東IC
京阪京津線
F
東福寺
近鉄京都線
1
24
伏見稲荷大社(P146)
京阪本線
竹田駅
醍醐寺(P158)
京都南IC
名神高速道路
JR京都線
城南宮(P19)
地下鉄東西線
阪神高速京都線
金札宮(P166)
丹波橋駅
大黒寺(P167)
喜運寺(P170)
中書島駅

A 京都市広域図

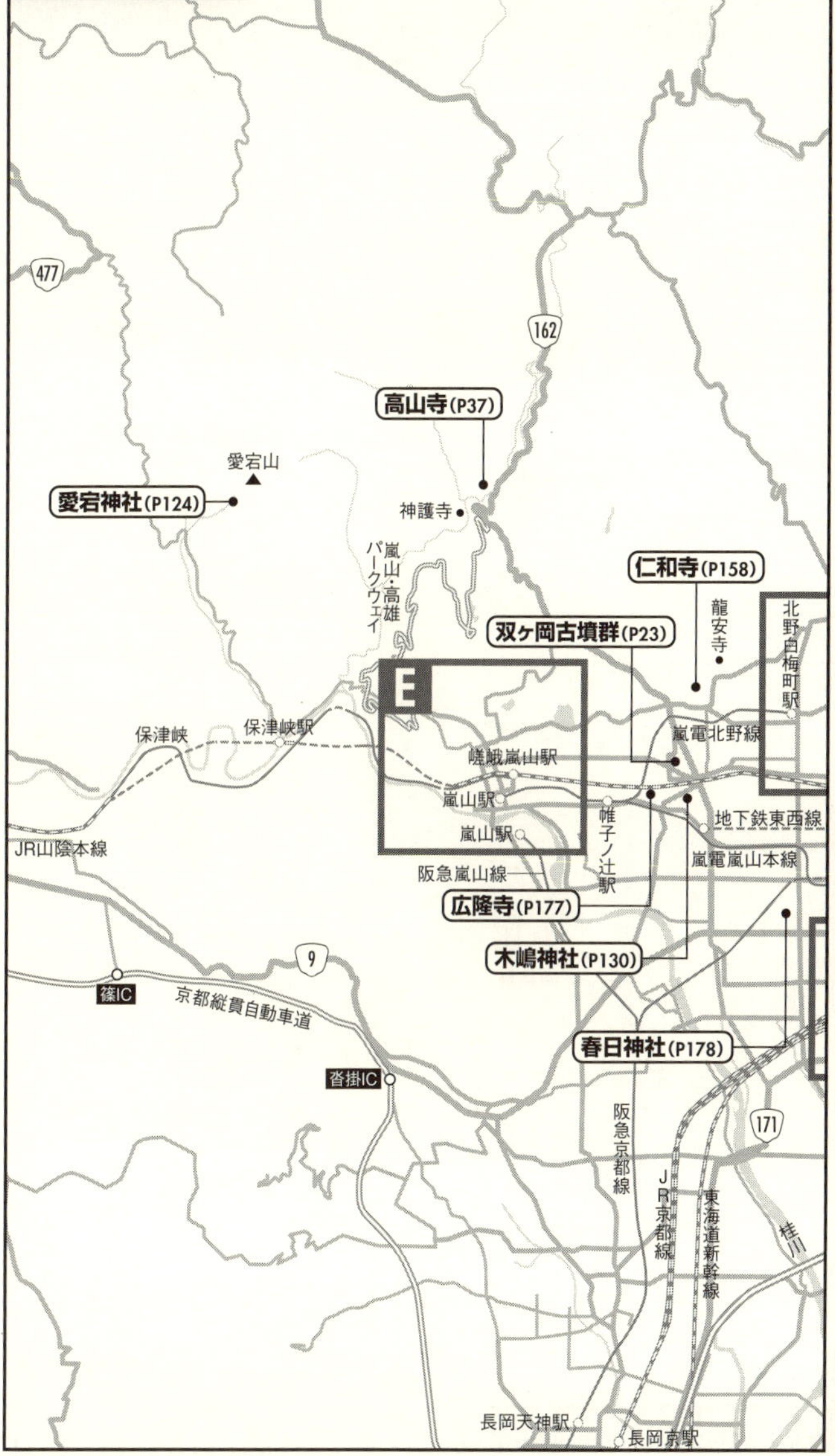
477
162
高山寺(P37)
愛宕山
愛宕神社(P124)
神護寺
嵐山・高雄パークウェイ
仁和寺(P158)
龍安寺
北野白梅町駅
双ヶ岡古墳群(P23)
E
保津峡
保津峡駅
嵐電北野線
嵯峨嵐山駅
嵐山駅
帷子ノ辻駅
地下鉄東西線
嵐山駅
JR山陰本線
嵐電嵐山本線
阪急嵐山線
広隆寺(P177)
木嶋神社(P130)
9
篠IC
京都縦貫自動車道
春日神社(P178)
沓掛IC
171
阪急京都線
JR京都線
東海道新幹線
桂川
長岡天神駅
長岡京駅

B 御所、出町、岡崎周辺

叡山電鉄
叡山本線
元田中駅
幸神社(P51)
出町ふたば(P174)
出町柳駅
百萬遍知恩寺
今出川駅
今出川通
出町柳駅
京都御所(P16)
京都大学
吉田山
河原町通
鴨川
京都府庁
地下鉄烏丸線
吉田神社(P22)
京都御苑(P53〜55、101、173)
京阪鴨東線
東大路通
白川通
真如堂
聖護院門跡
金戒光明寺
神宮丸太町駅
丸太町通
丸太町駅
平安神宮
本家尾張屋(P65)
川端通
二条通
地下鉄東西線
京都国立近代美術館
京都市美術館
烏丸御池駅
御池通
京都市役所前駅

C 四条河原町、祇園周辺

京阪鴨東線
東山駅
三条通
三条駅
三条京阪駅
地下鉄東西線
知恩院(P115)
河原町通
木屋町通
川端通
東大路通
阪急京都線
祇園四条駅
四条通
八坂神社
円山公園
河原町駅
ぎをん 萬養軒(P89)
建仁寺(P93)
高台寺
安井金比羅宮
霊山観音
京阪本線
京大和(P63)
恵美須神社(P93)
法観寺(P158)
鴨川
グリル富久屋(P89)
清水坂
清水五条駅
五条坂
地主神社
五条通
清水寺

D 北大路通～丸太町通周辺

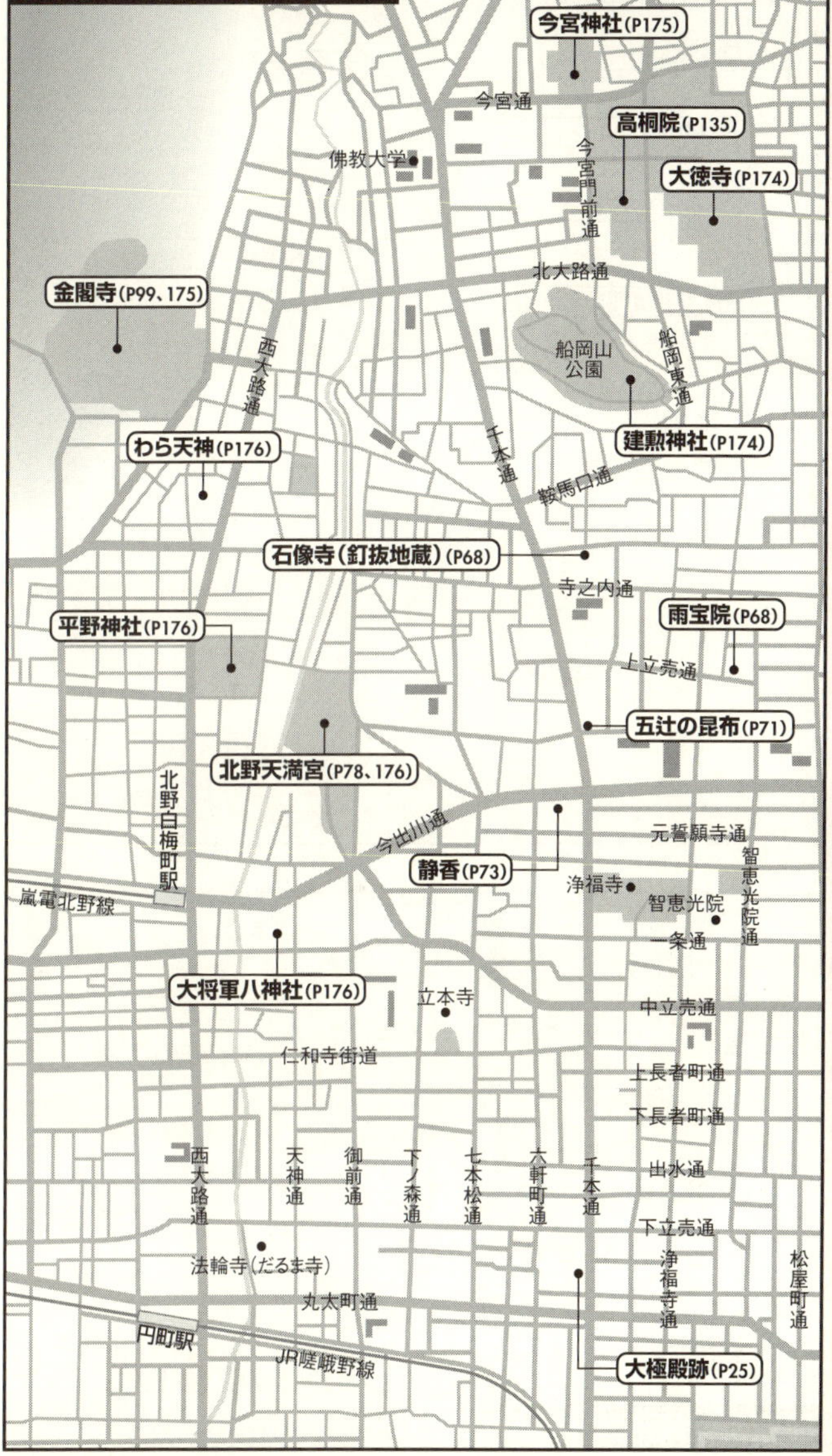
今宮神社(P175)
今宮通
高桐院(P135)
佛教大学
今宮門前通
大徳寺(P174)
北大路通
金閣寺(P99、175)
西大路通
船岡山公園
船岡東通
千本通
建勲神社(P174)
わら天神(P176)
鞍馬口通
石像寺(釘抜地蔵)(P68)
寺之内通
雨宝院(P68)
平野神社(P176)
上立売通
五辻の昆布(P71)
北野天満宮(P78、176)
北野白梅町駅
今出川通
元誓願寺通
智恵光院通
静香(P73)
浄福寺
智恵光院
嵐電北野線
一条通
大将軍八神社(P176)
立本寺
中立売通
仁和寺街道
上長者町通
下長者町通
西大路通
天神通
御前通
下ノ森通
七本松通
六軒町通
千本通
出水通
下立売通
法輪寺(だるま寺)
浄福寺通
松屋町通
丸太町通
円町駅
JR嵯峨野線
大極殿跡(P25)

E 嵯峨～嵐山周辺

愛宕念仏寺(P120)
大覚寺(P37)
鮎の宿 つたや(P124)
大沢池
化野念仏寺(P120)
広沢池
清涼寺(嵯峨釈迦堂)(P143)
森嘉(P117)
京都 鮎茶屋 平野屋(P124)
祇王寺
嵐山・高雄
パークウェイ
宝筐院
米満軒(P143)
二尊院(P116)
丸太町通
常寂光寺(P116)
嵯峨嵐山駅
車折神社駅
トロッコ嵯峨駅
嵯峨野観光鉄道
野宮神社
鹿王院駅
JR嵯峨野線
嵐電嵐山本線
トロッコ
嵐山駅
天龍寺
嵐電嵯峨駅
大悲閣
(千光寺)
嵐山駅
三条通
宝厳院
西山艸堂(P117)
鹿王院(P134)
渡月橋
車折神社(P131)
法輪寺
嵐山駅
阪急嵐山線
桂川

F 京都駅周辺

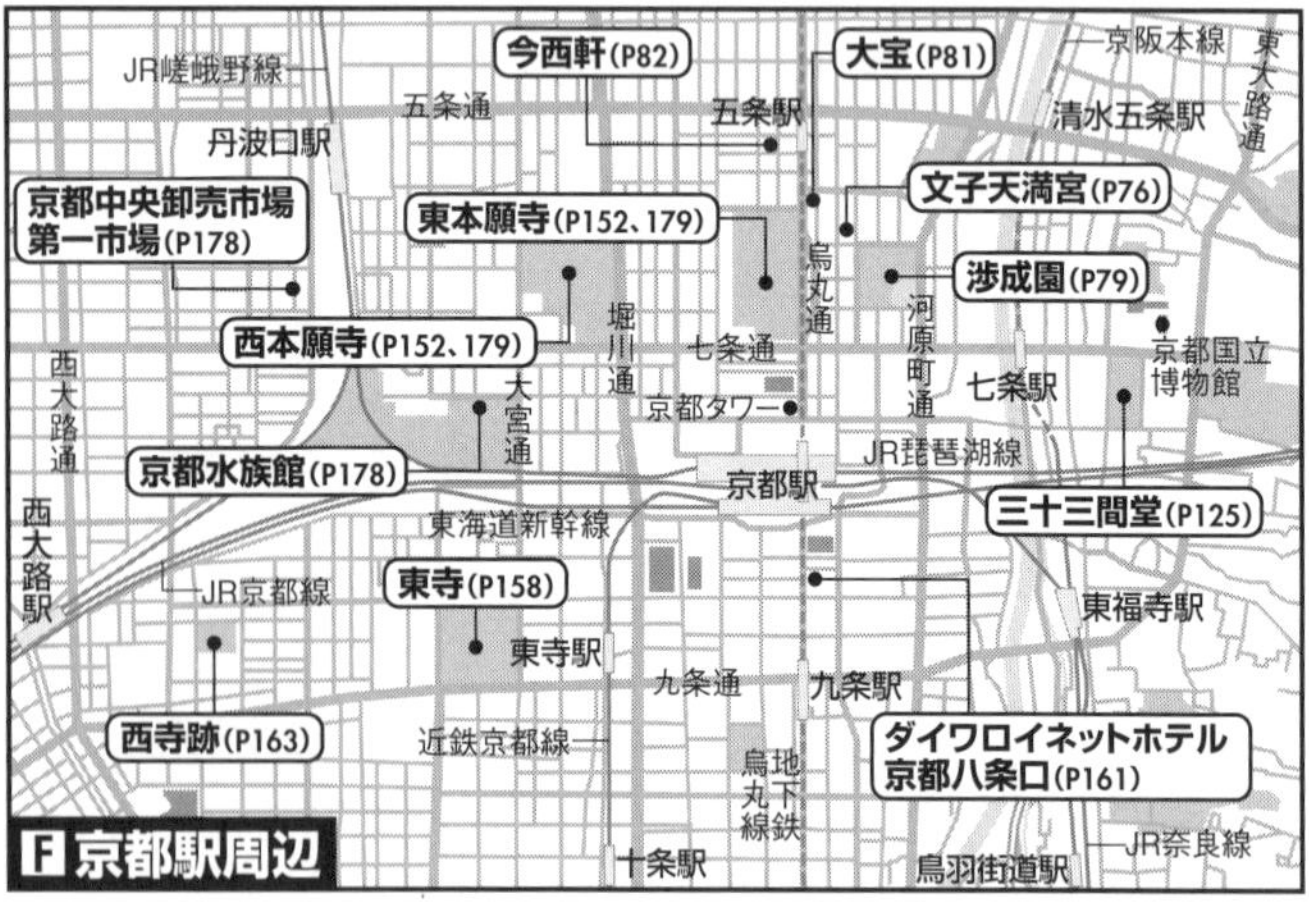

JR嵯峨野線
今西軒(P82)
大宝(P81)
京阪本線
東大路通
五条通
五条駅
清水五条駅
丹波口駅
京都中央卸売市場
第一市場(P178)
東本願寺(P152、179)
文子天満宮(P76)
烏丸通
渉成園(P79)
堀川通
河原町通
京都国立
博物館
西本願寺(P152、179)
七条通
西大路通
大宮通
七条駅
京都タワー
JR琵琶湖線
京都水族館(P178)
京都駅
西大路駅
東海道新幹線
三十三間堂(P125)
JR京都線
東寺(P158)
東福寺駅
東寺駅
九条通
九条駅
西寺跡(P163)
近鉄京都線
ダイワロイネットホテル
京都八条口(P161)
地下鉄
烏丸線
十条駅
鳥羽街道駅
JR奈良線

本書で主に紹介した寺社・旧跡・店舗リスト

寺社・旧跡リスト

第一章

上賀茂神社
京都市北区上賀茂本山339
【本文 p.16　MAPⒶ】

京都御所
京都市上京区京都御苑内
【本文 p.16　MAPⒷ】

下鴨神社
京都市左京区下鴨泉川町59
【本文 p.16、174　MAPⒶ】

渉渓園【本文 p.18】、大田神社【本文 p.19】、
賀茂山口神社【本文 p.20】
（上賀茂神社　MAPⒶ）
京都市北区上賀茂本山339

城南宮
京都市伏見区中島鳥羽離宮町7
【本文 p.19　MAPⒶ】

吉田神社
京都市左京区吉田神楽岡町30
【本文 p.22　MAPⒷ】

双ヶ岡古墳群
京都市右京区御室双岡町
【本文 p.23　MAPⒶ】

大極殿跡
京都市上京区千本通丸太町上ル
【本文 p.25　MAP Ⓓ】

貴船神社
京都市左京区鞍馬貴船町180
【本文 p.27　MAP Ⓐ】

船形石【本文 p.28】、
相生の大杉、連理の杉【本文 p.30】
（貴船神社　MAP Ⓐ）
京都市左京区鞍馬貴船町180

三千院
京都市左京区大原来迎院町540
【本文 p.37　MAP Ⓐ】

高山寺
京都市右京区梅ケ畑栂尾町8
【本文 p.37　MAP Ⓐ】

大覚寺
京都市右京区嵯峨大沢町4
【本文 p.37　MAP Ⓔ】

浄蓮華院
京都市左京区大原来迎院町407
【本文 p.39　MAP Ⓐ】

来迎院
京都市左京区大原来迎院町537
【本文 p.39　MAP Ⓐ】

円融房【本文 p.41】、往生極楽院【本文 p.42】、
わらべ地蔵【本文 p.43】
(三千院　ＭＡＰⒶ)
京都市左京区大原来迎院町540

延暦寺
滋賀県大津市坂本本町4220
【本文 p.45　ＭＡＰⒶ】

東塔、根本中堂、大黒堂、三面大黒天【本文 p.45】
(延暦寺　ＭＡＰⒶ)
滋賀県大津市坂本本町4220

第二章

幸神社（出雲路幸神社）、猿の木像【本文 p.51】
(ＭＡＰⒷ)
京都市上京区寺町通今出川上ル西入ル幸神町303

日吉大社
滋賀県大津市坂本5-1-1
【本文 p.53　ＭＡＰⒶ】

神猿【本文 p.53】、猿が辻【本文 p.54】、
石神【本文 p.55】
(京都御苑　ＭＡＰⒷ)
京都市上京区京都御苑3

河合神社
京都市左京区下鴨泉川町59
【本文 p.57】(下鴨神社　ＭＡＰⒶ)

雨宝院
京都市上京区智恵光院通上立売上ル聖天町9-3
【本文 p.68　ＭＡＰⒹ】

石像寺（釘抜地蔵）
京都市上京区千本通上立売上ル花車町503
【本文 p.68　ＭＡＰ🄳】

文子天満宮
京都市下京区間之町通花屋町下ル天神町400
【本文 p.76　ＭＡＰ🄵】

渉成園
京都市下京区下珠数屋町通間之町東入ル東玉水町
【本文 p.79　ＭＡＰ🄵】

北野天満宮
京都市上京区馬喰町
【本文 p.78、176　ＭＡＰ🄳】

腰掛石【本文 p.79】、成就社【本文 p.80】
（文子天満宮　ＭＡＰ🄵）
京都市下京区間之町通花屋町下ル天神町400

第三章

恵美須神社
京都市東山区大和大路四条南
【本文 p.93　ＭＡＰ🄲】

建仁寺
京都市東山区大和大路通四条下ル小松町
【本文 p.93　ＭＡＰ🄲】

金閣寺（鹿苑寺）
京都市北区金閣寺町1
【本文 p.99、175　ＭＡＰ🄳】

銀閣寺
京都市左京区銀閣寺町2
【本文 p.101　ＭＡＰ🄰】

京都御苑
京都市上京区京都御苑3
【本文 p.53 ～ 55、101、173　ＭＡＰ🄱】

熊野若王子神社
京都市左京区若王子町2
【本文 p.104　ＭＡＰ🄰】

法然院
京都市左京区鹿ケ谷御所ノ段町30
【本文 p.106　ＭＡＰ🄰】

大豊神社
京都市左京区鹿ケ谷宮ノ前町1
【本文 p.109　ＭＡＰ🄰】

第四章

知恩院
京都市東山区林下町400
【本文 p.115　ＭＡＰ🄲】

二尊院
京都市右京区嵯峨二尊院門前長神町27
【本文 p.116　ＭＡＰ🄴】

常寂光寺
京都市右京区嵯峨小倉山小倉町3
【本文 p.116　ＭＡＰ🄴】

化野念仏寺
京都市右京区嵯峨鳥居本化野町17

【本文 p.120　ＭＡＰ🄴】

愛宕念仏寺
京都市右京区嵯峨鳥居本深谷町2-5
【本文 p.120　ＭＡＰ🄴】

愛宕神社
京都市右京区嵯峨愛宕町1
【本文 p.124　ＭＡＰ🄰】

三十三間堂
京都市東山区三十三間堂廻り町657
【本文 p.125　ＭＡＰ🄵】

釈迦十大弟子像、三宝の鐘、千二百羅漢【本文 p.126】
（愛宕念仏寺　ＭＡＰ🄴）
京都市右京区嵯峨鳥居本深谷町2-5

木嶋神社
京都市右京区太秦森ヶ東町50
【本文 p.130　ＭＡＰ🄰】

車折神社
京都市右京区嵯峨朝日町23
【本文 p.131　ＭＡＰ🄴】

祈念神石、清めの社【本文 p.132】、芸能神社【本文 p.133】
（車折神社　ＭＡＰ🄴）
京都市右京区嵯峨朝日町23

鹿王院
京都市右京区嵯峨北堀町24
【本文 p.134　ＭＡＰ🄴】

高桐院
京都市北区紫野大徳寺73-1
【本文 p.135　MAP[D]】

清涼寺（嵯峨釈迦堂）
京都市右京区嵯峨釈迦堂藤ノ木町46
【本文 p.143　MAP[E]】

第五章

伏見稲荷大社
京都市伏見区深草藪之内町68
【本文 p.146　MAP[A]】

千本鳥居、膝松さん【本文 p.147】
(伏見稲荷大社　MAP[A])
京都市伏見区深草藪之内町68

東本願寺
京都市下京区烏丸通七条上ル
【本文 p.152、179　MAP[F]】

西本願寺
京都市下京区堀川通花屋町下ル
【本文 p.152、179　MAP[F]】

醍醐寺
京都市伏見区醍醐東大路町22
【本文 p.158　MAP[A]】

法観寺
京都市東山区清水八坂上町388
【本文 p.158　MAP[C]】

仁和寺
京都市右京区御室大内33

【本文 p.158　ＭＡＰⒶ】

東寺
京都市南区九条町1
【本文 p.158　ＭＡＰⒻ】

西寺跡
京都市南区唐橋西寺町
【本文 p.163　ＭＡＰⒻ】

金札宮
京都市伏見区鷹匠町8
【本文 p.166　ＭＡＰⒶ】

大黒寺
京都市伏見区鷹匠町4
【本文 p.167　ＭＡＰⒶ】

喜運寺
京都市伏見区鷹匠町3
【本文 p.170　ＭＡＰⒶ】

大徳寺
京都市北区紫野大徳寺町53
【本文 p.174　ＭＡＰⒹ】

建勲神社
京都市北区紫野北舟岡町49
【本文 p.174　ＭＡＰⒹ】

今宮神社
京都市北区紫野今宮町21
【本文 p.175　ＭＡＰⒹ】

わら天神（敷地神社）
京都市北区衣笠天神森町
【本文 p.176　ＭＡＰ🄳】

平野神社
京都市北区平野宮本町1
【本文 p.176　ＭＡＰ🄳】

大将軍八神社
京都市上京区一条通御前西入西町48
【本文 p.176　ＭＡＰ🄳】

広隆寺
京都市右京区太秦蜂岡町32
【本文 p.177　ＭＡＰ🄰】

春日神社
京都市右京区西院春日町61
【本文 p.178　ＭＡＰ🄰】

店舗リスト

第二章

京大和（懐石、老舗料亭）
・京都市東山区高台寺桝屋町359
・TEL／075-525-1555
・営業時間／11：30～15：00、17：00～21：00
・定休日／年末年始　1～3月、7～9月は第2・4火曜定休
【本文 p.63　ＭＡＰ🄲】

本家尾張屋（蕎麦、菓子）
・京都市中京区車屋町通二条下ル
・TEL／075-231-3446
・営業時間／11：00～19：00（L.O. 18：30）
　　　　＊お菓子販売のみ9：00～

・定休日／1/1・2
【本文 p.65　ＭＡＰ🄱】

五辻の昆布（昆布）
・京都市上京区五辻通千本東入ル西五辻東町74-2
・TEL／075-431-0719
・営業時間／平日 9：00 ～ 18：00（祝日 ～ 17：00）
・定休日／日曜
【本文 p.71　ＭＡＰ🄳】

静香（喫茶）
・京都市上京区今出川通千本西入ル南上善寺町164
・TEL／075-461-5323
・営業時間／10：00 ～ 17：00
・定休日／第 2・4 日曜（25 日の場合は営業）
【本文 p.73　ＭＡＰ🄳】

大宝（ラーメン）
・京都市下京区烏丸通五条下ル大坂町404
・TEL／075-352-3339
・営業時間／11：00 ～ 26：30〈L.O. 26：15〉
（日曜・祝日は 11：00 ～ 24：00）
・定休日／年中無休
【本文 p.81　ＭＡＰ🄵】

今西軒（和菓子）
・京都市下京区烏丸五条西入ル一筋目下ル横諏訪町312
・TEL／075-351-5825
・営業時間／9：30 ～売り切れまで
・定休日／火曜、第 1・3・5 月曜（6 ～ 8 月は月曜・火曜定休）
【本文 p.82　ＭＡＰ🄵】

第三章

ぎをん 萬養軒（フレンチ）

・京都市東山区祇園町南側570-120 2F 花見小路四条下ル（祇園歌舞練場前）
・TEL／075-525-5101
・営業時間／11：30～15：00（L.O. 14：00）、
　　　　　　17：00～22：00（L.O. 20：30）
・定休日／水曜、第1・3火曜

【本文 p.89　MAP Ⓒ】

グリル富久屋（洋食）

・京都市東山区宮川筋5-341
・TEL／075-561-2980
・営業時間／12：00～22：00（L.O.21：00）
・定休日／木曜

【本文 p.89　MAP Ⓒ】

第四章

西山艸堂（豆腐料理）

・京都市右京区嵯峨天龍寺芒ノ馬場町63
・TEL／075-861-1609
・営業時間／11：30～16：30（閉店 17：00）
・定休日／水曜、月1日火曜不定休、8/17～23、12/29～1/4

【本文 p.117　MAP Ⓔ】

森嘉（嵯峨豆腐）

・京都市右京区嵯峨釈迦堂藤之木町42
・TEL／075-872-3955
・営業時間／8：00～18：00（8/16、12/31は売り切れ次第閉店）
・定休日／水曜（水曜が祝日の場合、翌日の木曜が定休日）、火曜定休あり、1/1～4

【本文 p.117　MAP Ⓔ】

鮎の宿 つたや（日本料理）
・京都市右京区嵯峨鳥居本仙翁町17
・TEL／075-861-0649
・営業時間／11：30～18：30（入店可能時間）
・定休日／不定休
【本文 p.124　ＭＡＰ Ⓔ】

京都 鮎茶屋 平野屋（茶屋）
・京都市右京区嵯峨鳥居本仙翁町16
・TEL／075-861-0359
・営業時間／11：30～21：00
・定休日／年中無休
【本文 p.124　ＭＡＰ Ⓔ】

米満軒（和菓子）
・京都市右京区嵯峨釈迦堂大門町28
・TEL／075-861-0803
・営業時間／9：00～18：00
・定休日／木曜
【本文 p.143　ＭＡＰ Ⓔ】

第五章

ダイワロイネットホテル京都八条口
・京都市南区東九条北烏丸町9-2
・TEL／075-693-0055
【本文 p.161　ＭＡＰ Ⓕ】

出町ふたば（和菓子）
・京都市上京区出町通今出川上ル清龍町236
・TEL／075-231-1658
・営業時間／8：30～17：30
・定休日／火曜、第４水曜（祝日の場合は翌日）
【本文 p.174　ＭＡＰ Ⓑ】

京都中央卸売市場第一市場
・京都市下京区朱雀分木町80
・TEL／075-311-6251
【本文 p.178　ＭＡＰ[F]】

京都水族館
・京都市下京区観喜寺町35-1（梅小路公園内）
・TEL／075-354-3130
・営業時間／10：00～17：00　GW、夏休み、年末年始は変更あり（入場受付は閉館の１時間前まで）
・定休日／なし（年中無休、施設点検などで臨時休業あり）
【本文 p.178　ＭＡＰ[F]】

＊掲載情報はすべて、2015年７月現在の情報です。拝観時間や店舗の営業時間、定休日、価格などは変更する可能性もありますので、お出かけの際は、最新の情報をご確認ください。各データのページ数は本文掲載のページに対応しています。MAPは P.188～192を参照ください。

＊地図上のスポットのページ数は本文と対応しています。ただし、地図はあくまでも目安であり、実際の位置とは多少ずれている場合があります。

京都しあわせ倶楽部

〈著者紹介〉
柏井　壽（かしわい　ひさし）
1952年、京都市生まれ。大阪歯科大学卒業後、京都市北区に歯科医院を開業する。生粋の京都人で、生来の旅好きであることから京都および日本各地の旅紀行やエッセイを執筆。テレビ番組や雑誌の京都特集でも監修を務める。『おひとり京都の愉しみ』（光文社新書）、『京都の路地裏』（幻冬舎新書）など著書多数。柏木圭一郎名義で「建築学者・京極要平の事件簿」「名探偵・星井裕の事件簿」シリーズを執筆。本人名義で執筆した小説『鴨川食堂』『鴨川食堂おかわり』（以上、小学館）も好評。

ぶらり京都しあわせ歩き
至福の境地を味わえる路地や名所、五十の愉しみ

2015年9月22日　第1版第1刷発行

著　者　　柏井　壽
発行者　　安藤　卓
発行所　　株式会社ＰＨＰ研究所
京都本部　〒601-8411　京都市南区西九条北ノ内町11
人生教養出版部　☎075-681-5514（編集）
東京本部　〒135-8137　江東区豊洲5-6-52
普及一部　☎03-3520-9630（販売）
PHP INTERFACE　http://www.php.co.jp/

制作協力
組　版　　株式会社PHPエディターズ・グループ
印刷所
製本所　　図書印刷株式会社

ISBN978-4-569-82807-7

『京都しあわせ倶楽部』刊行にあたって

都が置かれる、はるか以前から、京の町には多くの人々が住み着き、平安京の時代は言うに及ばず、時代が下っても、天下人をはじめとして、多くの戦国武将たちが京都を目指した。

そして今。かつてないほど、多くの観光客が訪れ、更には京都に移り住む人たちも増える一方だ。

古今にわたって、内外から、人はなぜ京都に集まるのか。

世界遺産を筆頭に、広く知られた寺社があり、三大祭に代表される歳時があり、かてて加えて美味しいものがたくさんあるから。

だが決してそれだけで、人が京を目指すのではない。目には見えず、耳にも聞こえないが、京都には〈しあわせ〉という空気が満ち溢れている。それを肌で感じ取っているからこそ、多くの人々が京都に集い、そして誰もが笑顔を浮かべる。

しあわせの街京都へようこそ。

二〇一五年九月

『京都しあわせ倶楽部』編集主幹　柏井　壽（作家）